地球維新

黄金神起　封印解説

監修脚本
中今悠天

作者
天声会議

明窓出版

◎地球維新　黄金神起　封印解説　目次◎

月光伝説

41（カミ）芝居　～火《ひ》・風《ふ》・水《み》の謎～

「中の巻」

「下の巻」

月光伝説

第零幕　キーワード

闇は都会の雑踏の中にまぎれこんだ。新宿、日本一の繁華街、人の欲望がうずまく、歌舞伎町。もともと歌舞伎座を誘致するためにこの名前になったことすら、今はもう忘れられている。その一郭には、新宿区役所がある。この配置は、清濁あわせて飲むといった表現にするには、露骨過ぎると改めて思う。そして、区役所と道路を挟んだ向こうにある裏通り、新宿ゴールデン街、警察さえも踏み込めない禁断の場所。そこに、ある三組の人間達が居合わせていた。

男は静かに飲んでいた。雑踏の中の静かな空間、自身のオーラでその空間を作り出していた。男の職業は外交官、その道では名を知られていた男である。その名は、黒田孝高。かの戦国武将と同姓同名である。戦国時代最高峰の参謀といわれた黒田官兵衛孝高よろしく、頭の切れる男であった。数々の難しい交渉を、自国にとって有利な方向にもっていっていた。

本来ならば、外務省職員と呼ばれるべきなのだが、その能力と謎を秘めたプロフィールから、外交官と呼ぶのがふさわしい。男は、ただ、無言で飲んでいるだけだったが、数々の修羅場を経て磨かれてきたものが、内面から光り輝いているようだった。一種の気品とでもいったらよいだろうか。それだけで、この男の経歴を語れるほどであった。

同席していた男は、たばこをふかしていた。この男も無言であった。職業柄、背中を見せる位置には座りたくない気質である。この男は、背後に人がおらず、店の入り口が見える位置にしか席をとらない。従って、奥のカウンター席が、この男の定位置になる。

男の名は、松前豊。所属は防衛省情報局。階級は中佐、英語表記ならば、Commander である。大隊クラスの司令官で、実戦部隊の長といってよいだろう。だが、彼は指揮を執ることはない。なぜならば、情報将校であるからだ。007のジェームス・ボンドのようなものといえばよいだろうか。実際にジェームス・ボンドと同じ中佐の階級である。彼の着座位置は、一種の職業病のようなもので、黒田も、素直にそれに従っている。相手の行動から内面を見とるのも仕事だからだ。こちらはこちらで、一種の職業病であった。

外交官と情報将校が同席していると言えば、即、陰謀を語る場面かと思ってしまう。だが、ふたりに言葉はなかった。この夜は、ある目的のために来ていたからだ。この後、おこなわれるパーティーへの出席、それがこの夜のふたりのミッションであった。お互い、それがわかっているので、無言で酒を飲んでいた。時間が来るまでの暇つぶし。ふたりともそう思っていた。

そして、それぞれが相手に語っていない別の思惑があったことも、ここで述べておかねばなるまい。結果としては目的も、指令のでどころも同じであったのだが。

静寂のオーラで身を包んだ二人組とは別に、騒がしい男達もいた。どうやら仲の良い友人同士らしい。店のマスターも笑顔で対応している。この二人組は、よくこの店に来るらしい。そんな雰囲気が周りにも伝わってくる。ある時は、お互いの悩みを伝え、愚痴を言い合い、ある時は、大げさに天下国家を語る。小人の如き、いじいじした時もあれば、壮言大語の国士のような時もあるという具合だ。今晩は、片方の酔いが激しいようだ。この男だけが騒がしく、もうひとりは聞き役に徹しているようでもあった。

騒がしい男の方は、原三石《はらみいし》といった。職業は大学教授。さきほどから「なんとかしてくださいよ～」と騒がしい。マスターも当惑顔だが、手馴れた感じでいなしている。どうやら、私生活のことが原因らしい。もっともその先の原因は、仕事上のものらしいが、実際の仕事とは関係がないようだった。彼は、その道の第一人者であったようだが、ある事がきっかけで、左遷されてしまった。大学院で教鞭をとっていたのだが、ある機関へ出向させられてしまったのだ。

そんな彼の騒々しい話を、相槌をいれながら聞いていたのが、船瀬春樹であった。彼は、環境問題の作家から国連の人権委員になった変わり種だった。現在は、国際光子力機構に所属している。光子力とは光のエネルギーのことである。彼は、光を原動力とするエネルギー環境社会「コスモトレンディー」を提案しており、今、全世界で注目を集めつつある新進気鋭のプランナーでもある。

彼らは、公私ともに付き合いがある飲み友達である。このゴールデン街も二十年選手のようだ。マスターとも顔なじみであるし、歴代の店長、マスターも知っている。そのためか、彼らの行動パターンは熟知していた。

「そろそろお時間ですよ」

マスターが話しかけた。彼らは、この店で待ち合わせ、そして、いつもの飲み歩きコースを巡回して、最後にまたこの店に戻り、始発を待つというお決まりのパターンで行動していた。

次の店の開店時間を知っているマスターは、ふたりにこの時間を告げたのだった。いつものように、横丁のポニー・アンジュで飲んでから、ランジェリー・パブのランNOWウェイ経由かと船瀬は苦笑した。毎度おなじみ過ぎておかしかったからだ。この男との付き合いもずいぶん長いなと船瀬は感じた。自分の立場が変わっても、決して対応は変わらない。相変わらず、俺、お前の間柄である。最近は社会的地位もそこそこになってきたせいか、人前で会う時に、俺、お前で会話していると、周囲からは怪訝な目で見られることもある。そんな時は、お互い苦笑しながら、「変わらないな」と語り合っている。

船瀬は、マスターから声をかけられたタイミングで時計を見ていた。まだちょっと早いかなと感じた。マスターは、酔っ払った原三石教授のことを考慮して、早めに言ってくれたのだと思った。そういった心遣いもうれしかった。だてに二十年は通っていないよなと、船瀬は酔っ払った原三石の顔を見ながら、心の中でつぶやいた。

沈黙の二人組と陽気な二人組の対照的なお客の他に、もう一組のお客がいた。ひとりなので、正確には一組という表現はおかしいかもしれない。だが、この夜、この店に集まったお客のそれぞれのポジションを考えたら、もう一組と言ったほうが合っている。

この男は、目立たず、それでいて、わかる人にはわかるような位置取りで座っていた。目印の符丁をテーブルの上においており、それゆえ、カウンター席は避けて、カウンター後方の狭い丸テーブルに陣取っていた。

この男の名は、**白山南竜**《はくさんなんりゅう》という。職業はジャーナリスト。理工系大学院卒のやはり変わり種である。この日は、ある男との面談のためにここに来ていた。先方からの指定であったからだ。彼の書いたあるレポートが目に留まったようで、先方から声をかけてきた。南竜には、多分、あれだろうという心当たりがあった。本人としては、ネットメディアで書いたほんのたわいない内容であり、手慰み程度にしか思っていない。しかし、理工系で鍛えた論理的思考回路の賜物だろうか、その洞察力のキレのよさは日本刀の如しであった。

果たしてどんな人物がくるのか？　それが今の南竜が一番気になるところだった。南竜には若い頃から続けているあることがある。それは、密教の修行である。今でこそ、精神世界といえば、ある程度の認知度があるが、それ以前から密かに続けてきた筋金入りのものだ。人とはなんなのか、幸せとはなんなのか？　その命題は常に頭の中にあり、渦巻いている。それゆえ、宗教界もそれなりに熟知し、神道と日本の仕組み、皇室制度まで含めたその仕組みについても、独自に調べていた。そういったバックボーンがあるが故に、その洞察力の鋭さが、ある組織をも動かすことになったのだ。

先ほどの陽気なお酒のふたりが店を出ていったのと入れ替わりに、ひとりの男が入ってきた。見るからに一般人ではない。派手なシャツとだぼだぼのズボン、見るからにテキヤといった感じである。テキヤ風の男は、南竜の符丁を見つけるとそそくさと近づいてきた。間髪を入れずに椅子に腰掛けると、「あんたが南竜さん？」と話しかけてきた。

やや気後れしたのか、南竜は無言でうなずいただけだった。だがそれがよかったのだろうか、相手は丁重な口調になった。そして、南竜にまず謝罪をした。本来ならば、来るはずだった男が来れなくなったことへの謝罪で、自分は代理人であることを告げた。詳細は知らされていないらしく、伝言の入った封書を渡した。

南竜は、封を切ると中の伝言を目で追った。テキヤ風の男に目をやると、南竜の意思がわかったのか、確かに渡したとだけ告げて、すぐに席を立っていった。入り口付近で立ち止まり、振り向くとマスターに、一万円札を渡した。南竜の酒代だった。おつりは、次に飲みにくる分だとも告げて、早々に店を後にした。

南竜は、そのやりとりには気がつかなかった。封書の中身のことで頭がいっぱいだったからだ。テキヤ風の男が立ち去る時のドアの音で、ようやく現実に戻ってきた。そういえば、あの男達も出て行く時になにか叫んでいたなと、先ほどの二人組のことを思い出した。


「白峰博士、なんとかしてくださいよ～」


声の主は、酔っ払ていた原三石教授であった。親友の船瀬に抱きかかえられた原は、大学の先輩である白峰博士のことを思い出していた。

白峰博士は、晞宝館《きほうかん》大学院の博士であり、様々な研究成果を残した学者である。それまでの実績から、晞宝館大学院創設時に招聘された名物博士である。晞宝館大学院は、先代の世界大統領である太閤一誠が築いた大学で、世界中の135の大学や研究施設と提携をしており、歴史は浅いが、既に名門と呼べる域に達した学術研究機関である。博士の研究成果は、白峰論文という異名をとり、学会はもちろん、政財界にも信奉する人物は多い。

ところが、2012年7月末に突然引退を発表した。明治天皇100年祭を機に、長野県松代の皆神山《みなかみやま》にて生前葬をおこなったのだ。その時残した言葉が、

「わが人生に梅なし」

参加者はみな訝しがり、ひとりが恐る恐る声にだした。多分、わが人生に悔いなしといいたかったのではと。その発言者の周りの人間は、無言で何回もうなずいていた。そういえば、博士は伊達直人ブームの時にも、同じようなことを言っていたなと思い出したからである。白峰博士は、実はランドセルを孤児院に寄付していた。それを暗示するように「伊達公子の正体は俺だ」と言っていたのだった。周りの人間は誰しも、多分、伊達直人って言いたいんだろうなと思っていたのだ。博士を知らない人にとっては、なぜ女子テニスプレイヤーの正体が、白髪の老人なのかわからなかっただろう。

そんな酔っ払いの視界にあるものが入ってきた。たい焼きの屋台であった。それを見た瞬間に原三石教授の顔つきが変わった。

この界隈では、この屋台は謎のたい焼き屋と呼ばれていた。水曜日の夜にしか出現しないからだ。屋台に謎の数字が書かれているのも理由のひとつだが、誰一人として買っていかない。それでよくやっていけるなとうわさになっている。ゴールデン街は謎が多いところだが、もっとも謎なのが、この水曜夜のたい焼き屋の出現なのである。

原三石教授の顔つきの変化に、親友の船瀬春樹も気がついた。原の視線を追っていくと、謎のたい焼き屋の親父の顔に行き着いた。船瀬もはっとした。船瀬自身も思ったのだ、親友の原三石と同じことを。


「白峰博士？」


原三石教授はそうつぶやきながら、千鳥足で屋台に近づいていった。船瀬は立ちつくしたままだったが、同じ疑問は抱いていた。なぜ、白峰博士がここにいるのか？　いやありえない。ありえるはずはない。白峰博士は亡くなっているのだ。生前葬というのは博士の弟子達に対する思いやりであり、その場で形見分けまでもおこなわれている。死を察した博士が、最後に弟子たちと語り合える場として生前葬を設けたのだと、船瀬は解釈している。

その後、白峰博士が亡くなったと風の噂に聞いていた。だが、実際の葬儀に参加したものは誰もいない。正確には、白峰博士は行方不明ということだが……。ふたりとも生前葬のイメージが強いせいか、なぜ博士がここにいるのかわからなかった。

千鳥足で屋台に近づく原三石教授を、たい焼き屋の親父は一瞥した。だが、すぐにたい焼きを焼く作業に気を戻した。原の後ろからは、船瀬春樹が駆け寄ってくる。原の両肩を手で掴むと、次の店に向かおうと体の向きを変えた。素直に従う原であったが、なにかを考えているようだった。もう一度振り向き、たい焼き屋の親父の顔を確認すると、船瀬に従い、歩き始めた。

そして、今夜は店を変えようと提案した。ゴールデン街を離れて、三丁目のヤングマンという店に行こうといったのである。そこは白峰博士から紹介されたことがあるのだが、まだ一度も行っていなかったのだ。白峰博士そっくりのたい焼き屋の親父の顔を見て、そのことを思い出したらしい。顔に生気が戻った原三石を見て、船瀬も同意した。

ふたりは、そこに閉店までいたらしい。昭和歌謡のテイストがいたく気に入り、居着いてしまったようだ。その店には白峰博士が残したボトルがあり、ふたりはそれを拝借した。そして、原はそのボトルを記念に貰っていった。実はそこにはあるメッセージが仕込まれていたのだが。

舞台は、ゴールデン街に戻る。封書の中身を何度も読み返していた白山南竜は店を後にした。封書の中身に書いてある約束の時間が近づいてきたからだ。白山南竜も、原三石教授たちと同様に、謎のたい焼き屋の前を通りかかった。ある場所にいくために、早足で歩いていた南竜だったが、このたい焼き屋は妙に気になった。彼独特の勘が働いたのだった。

「一個５０００円？　ずいぶんな値段だな？」

それが白山南竜の感想であった。たい焼きとしては、法外な値段である。売れないのも無理はない。毎週水曜日の夜だけの出店で、たい焼きは売れない。それでも毎週のように現れる。これはもう、生ける都市伝説の類である。たい焼き屋の親父は、相変わらず屋台の中で作業を続けている。白山南竜は、屋台を一通り見てみた。人々が首をかしげる謎の数字も目に入った。ほんの数秒だっただろうか。その数字を見て、彼の顔色は変わった。次の瞬間、南竜は親父に声をかけた。

「ひとつ貰おうか」

白山南竜は、数霊についても見識があった。数々の謎を数霊を使って解くことを楽しみにおこなっていた。それが嵩《こう》じてインターネットに解説を書いたこともあった。それが、ある組織の目に留まったのである。この日の夜も、白山南竜の鋭い洞察力が発せられたのだ。屋台の数字の意味を読み取ったのは、彼が初めてであった。

この手の都市伝説の話はアメリカにもあったようだ。砂漠の真ん中にある看板に数式が書いてある。それを解くと、アメリカの超有名ＩＴ企業のインターネットサイトのアドレスになるというのだ。それが、入社試験の一環であるとかないとか。この屋台の意図もそれと同様だったのかもしれない。

その頃、ゴールデン街のバーでは、ふたりの無言の男達の沈黙が破られた。最初に沈黙を破ったのは、松前であった。そのメガネの奥の鋭い眼光が、黒田の頬を指した瞬間であった。オールバックにまとめたつやのよい髪が、店の光を反射した。立ち上がった松前は、やや背を丸めながら身支度を始めた。身長は190センチにも達するゆえに、日ごろはやや背を丸めている。それが癖になっている様子だ。すらりとした体つきには、トレンチコートが似合う。元々、軍用品であるために、軍人である松前に似合うのもうなずける。

一方の黒田も身支度をはじめた。ウールの黒いコートを羽織る。黒田も180センチを超える長身だが、松前の隣では普通に見えてしまう。相対的位置関係の妙といったらよいだろうか。ふたりは並んでゴールデン街を歩き、あるホテルに向かった。その会場で今夜おこなわれる催し物に参加することが、今回のふたりの共通ミッションである。共通ではないミッションは先ほど片付いた。松前のミッションは、監視対象の人物の確認、黒田のミッションは、この後、面会する人物の事前調査であった。その人物とは、先ほど同じ店にいた白山南竜で、ミッション内容に違いはあるとはいえ、同じ人物が対象であった。そして、その裏で指令を出している大元も同じ組織なのであった。

ふたりもまたホテルへ向かう道すがら、例のたい焼き屋台の前にでた。ふたりは気にも留めずに屋台の前を素通りしたが、すれ違った人物を見て、同時に立ち止まった。ふたりが目撃した人物は、般若の寅蔵であった。

般若の寅蔵、ある組織の頭目と噂される人物である。ふたりとも寅蔵とは以前会ったことがあるが、実際に言葉を交わしたわけではない。自分の所属する組織の人間に同伴した際に、般若の寅蔵のことを教えられたのである。重要人物だから気をつけろ、丁重に接しろ、というのが双方の上官からの命令であった。それ以来、最重要人物のひとりとして、記憶の中に書き込まれていた。その寅蔵がナニゆえ、ゴールデン街をひとりで歩いているのかが、ふたりには不思議であった。

寅蔵を目で追っていたふたりには、それは不思議な光景に映った。寅蔵がたい焼き屋台の前に立ち止まったからだ。どうやら寅蔵はたい焼きを買ったようだ。その様子を黒田と松前は無言のまま見ていた。たい焼き屋の親父は無愛想にたい焼きを袋に詰めていた。その間、寅蔵はたい焼き屋の親父と立ち話をしていたが、無論この距離では、内容までは聞き取れない。般若の寅蔵と会話する人物というだけでも要注意であったし、後から知った話ではあるが、そのたい焼き屋は謎の存在である。なにかあると思うのは、ふたりの立ち位置から考えれば、至極当然であった。

このたい焼き屋の親父の正体は、何者であろうか？

それが今のふたり、黒田と松前にとっての、最重要課題となった。ふたりは来た道を戻り、たい焼き屋台の前に立った。たい焼き屋の親父は、ふたりを一瞥したが、再び作業に没頭し始めた。ふたりは無言でその作業に見入った。ふたりの気を感じたのか、たい焼き屋の親父は自分からしゃべり始めた。

「わたすは青森の八戸からでてきた……」

しゃべりだすと親父は、身の上話を始めた。黒田と松前は顔を見合わせた。松前は時計をみて、そろそろ時間だぞという合図を目で送り、黒田を促した。黒田は斜め上を見ながら、気のせいだったと思うことにした。ふたりは、ホテルのパーティー会場に急いだ。

到着したのは、新宿の繁華街から外れた場所にあるホテルだった。あまり目立たない感じで、それほど大きくはない。こじんまりした雰囲気がある。それゆえ、秘密の会談には都合がよかったのだ。

ふたりが到着したパーティー会場では、今晩の主役であるエリンギ愛を囲んで、時の政財界人が歓談していた。一流を自認するビジネスパーソンであれば、それらの面々の顔を知らないことはなかった。それ位の大物が集まっていたのだ。それにしては、場所が似つかわしくない。黒田と松前のふたりでなくてもそう思うような集まりであった。通常なら、ここではなく、西新宿の高級ホテルのバンケットで数百人を集めるようなレベルの参加メンバーである。

腕を組みながら、あごに手をあてて、松前は考え込んでいる。

すると、ホテルのボーイが松前に近づいてきて声をかけた。松前は驚いた。自分を階級で呼んだからだ。そのボーイの顔を見据えると、

「失礼いたしました。今は中佐になられたのですね」

ボーイはそう言いながら、松前に頭を下げた。この男は、かつて松前の下で働いていた男だった。当然、防衛関係の仕事である。どうしたと問いただすと、人手不足でこちらの要員の補助としてやってきたそうだ。松前は合点がいった。どうやら外で警備しているのは、防衛省関係者のようである。軍人を守りに使うとは、大それた事をやっているなと思った。どうやら中の給仕担当は警察関係、受付などは外務省関係のようだ。黒田を案内したコンシェルジュは、黒田の顔を見て微笑んでいた。なるほどなと松前は思った。すべて、従業員は入れ替わっている。

この夜のホテルは貸切状態だった。宴会場や宿泊施設だけではなく、ホテルそのものが貸切状態であり、従業員、警備員、それに料理人までもがすべて入れ替わっていた。物々しい警備だなと、松前は心の中でつぶやいた。それだけの大物が集まっているということの証左であると。そういえば、会場に来る途中にあった小部屋やラウンジにも人がいた。見かけない人物達だったので気がつかなかったのだが。どうやらこの夜の主役、エリンギ愛に秘密が隠されているようであった。

松前は黒田の方を眺めながら、どうやって情報を引き出そうか画策していた。

松前の勘は正しかった。さきほど、ゴールデン街に向かった般若の寅蔵が戻ってきたのが、ラウンジだったからだ。

「お待たせしました。将人族《しょうじんぞく》のみなさま」

　般若の寅蔵はそう挨拶をしてから、集まった人々と語り始めた。般若の寅蔵、表向きの顔は太閤一誠の世話役。指南役をかってでているという側面もある。或いは、太閤一誠の地上での代理人。大阪に本拠をもつ謎の人物。地上での代理人としては、中小路俊彦の名前で活動している。般若の寅蔵とは、一種のパブリックドメインであり、現代の彼は何代目かである。とにかく謎の多い人物だ。

　彼がラウンジで歓談していた相手は、地下組織サンヘドリングの主要メンバーであった。地下組織サンヘドリング、別名、慈恩公国という。地下組織というよりは、地下都市の首脳部と言った方が正しいだろう。日本の国体護持を担う一翼でありつつも、あらゆる外来の者たちを受け入れている場所である。

　その外来のものとは、地上に限らない。地底世界からの来訪者もいる。将人族とは、そもそも琵琶湖地底にいる一族の総称でもある。太閤一誠により保護されたイスラエルの民もいる。中東での核戦争により、避難して来た生き残りでもある。大半のものは、核の炎につつまれ、生き残った人々も大陸での移動で半ばは倒れ、渤海経由の密航で半ばは海に沈んだのである。そして地底世界、シャンバラから来た人々もいる。彼らは、原始の地球からの生き残り、それらの末裔である。そのノウハウを伝えられた般若の寅蔵は既に500年も生きている。それは、来たる2012年に起きるナニかのためでもあった。般若の寅蔵は、今宵のある会のために、主要メンバーを集めたのであった。

その会とは……。通称**「御前会議」**と呼ばれる集まりであった。そのメンバーは10名程度と噂されてるが、真相は明らかではない。先ほど松前が気になった小部屋に、そのメンバーは控えていた。今宵の主役であるエリンギ愛がその小部屋に戻ってきた。そうなのである、エリンギ愛もこの御前会議のメンバーであった。太閤一誠引退に伴い、後継者であるエリンギ愛が加わったのだ。

表向きの名目は、エリンギ愛の講演会および、個人相談会であった。政財界の要人が多かったのもこれが原因である。エリンギ愛の表の顔は、占い師である。占星術による政財界の著名人の指南役でもあったのだ。この時間帯は、エリンギ愛の個別相談の時間ということで、愛はパーティー会場にはいなかった。その間は、政財界の要人の歓談タイムとなっていた。そのため、ステージ上では、華やかなショーが繰り広げられていた。そこに登場したのは、著名な芸能人も含めたショービジネスの人々であった。出し物はバラエティに富んでいたが、ひとつだけ共通点があった。それは、どの演者も秦一族の末裔ということであった。

古来、芸能は秦一族の専売特許であった。田楽の祖は、聖徳太子のブレーン、秦河勝《はたのかわかつ》である。中世の能や歌舞伎なども秦一族の血筋のものが開祖となっている。

「芸能の民か」

黒田がぼつりとつぶやいた。横目で松前を見ながら、発言を促している。

「ずばりスパイだよ」

松前が答えた。芸能の民とは、古代から移動の自由を持っていたカテゴリーの人種である。律令国家の成立以後は、特に百姓の移動は制限されていた。実質の禁止措置である。農地に縛り付けておく。それが律令の役割であった。ひとつは治安目的、もうひとつは、徴税目的である。だが、一方で移動の自由を持つ民も存在していた。鉱山師などはハンマーひとつ持っていれば、全国どこにでも移動できる自由がある、ある意味での特権階級であった。芸能の民も然りである。

権利の裏側には、常に義務が伴っている。では移動の自由という特権の裏側にはナニが伴われているのか？　松前の答えがそのものずばりで、情報収集とその提供であった。全国に移動が自由な民、それを駆使しての情報網の確立。いうなればスパイ組織の確立である。これを担ったのが秦一族であり、鉱山師も秦一族、芸能の民も秦一族、そして商家に秦一族が多いのも、移動の自由とその裏側にある義務を果たしてきたからだろう。果たしたから秦氏？　松前は、説明しながら苦笑した。黒田はおだやかな表情をうかべながら、それを聞いていた。

黒田の視線の先には、あの男がいた。ゴールデン街のバーにいた男だ。その男は、白山南竜、職業はジャーナリスト。例のゴールデン街のバーで渡された封書の中身は、このパーティーの招待状と、会場でお会いしましょうという簡単な手紙であった。色々な推理が頭の中に浮かんだ。

白山南竜は、彼自身の知識、知見をフル稼働させて、答えを導き出したのだ。これは、大いなる秘密に触れる機会であることをだ。南竜の予想は正しかった。この夜、彼が知りえた情報は、質、量ともに、これまでの人生で得られた情報を簡単に凌駕したのだった。

第一幕　キングソロモン流錬金術立志伝

隠し子

「それにしてもナニものだ」

それが、白山南竜の偽らざる気持ちであった。

このエリンギ愛という人物である。年頃は、20代前半に見える。だが、経歴から考えるともう10歳は年をとっていてもおかしくない。ややふっくらとした顔つきに、ショートボブの黒い髪が特徴的な女性だ。綺麗というよりはかわいらしい印象をうける。一方で、胸元の開いたドレスからみえる谷間は、豊満な体つきを想像させられる。

彼女の職業は占星術師、つまり占い師である。何人かの財界人に話を聞いてみたところ、顧問というほどではないが、定期的に占ってもらっているらしい。このレベルの政財界人の間では、著名人のようだ。一般人に近い、白山南竜のような存在には、知られていないという、いわば知る人ぞ知る著名人といったところだろう。

南竜は不思議に思った。何ゆえ、彼女が重宝がられているのかを。また、得意の取材攻勢で聞き込みにまわり、何人かの政界人から話を聞いた。

「なんだそんなことも知らないのか」

苦笑しながら教えてくれた人物がいた。顔は見たことがある。目立たないタイプだが、政局では時折登場する人物だ。怪しげな表情の間にみせる好々爺《こうこうや》の面差しが、この人物の奥行きをあらわしているかのようだった。人間的な情の深さと同時に、清濁あわせて呑む老練な政治家の顔であった。

この人物が語ってくれたのは、次のような内容だった。

過去、歴代総理大臣には必ず指南役がいた。それは一対一の関係の時もあれば、一対多の関係の時もあった。彼らは例外なく霊能力に長けた人物だった。それゆえ、皇室とも関係があったようだ。あるものは、天皇様の儀式の代行までおこない、噂レベルではあるが、天皇様ができなかった儀式をいともあっさりとおこなわれたこともあるそうだ。また、ある人物は天皇様と会見し、意見を述べたとか、重要な勅旨の原稿を起草したとか、手直しをしたとか、はたまた、元号の起案をなされたとか、その関わりは数知れず。

話を聞きながら、南竜はうなってしまった。無論、それは表情には出さない。若き日から密教の修行を続けていた南竜にとっては、都市伝説的な噂話程度には耳にしたことがある内容が、当事者から聞けたのだ。都市伝説から確信に変容していく様を身をもって体験しているのである。

ごくりとつばを飲み込んだ南竜は、この老獪な政治家の話にどんどん深入りしていった。

エリンギ愛の正体がおぼろげながらわかってきた。いや、実際はエリンギ愛の立ち位置のようなものを把握しただけに過ぎないのだが、この時の白山南竜の手持ちの札ではこれが精一杯だったであろう。歴代総理の指南役の如く、この女占星術師も政財界人の指南役である。これがとりあえず、南竜がわかったことであった。

一息ついた白山南竜は、周りを改めて見渡した。それにしても豪華な参加者だなと、改めて思いなおした。その一方で、この場所が不釣合いなことも確信していた。このメンバーとエリンギ愛の立ち位置、それを考えれば、このホテルでの開催はありえない。政界人のことを考えれば、半蔵門あたりのホテルだろうし、財界人もといえば、虎ノ門だろう。新宿といっても、開くならこんな辺鄙なところではなく、西新宿の高層ホテルがある。よりによってナゼ？　そんな疑問を頭の中で解いている最中に、ひとりの男が南竜に声をかけた。外交官の黒田孝高であった。

「ようこそ、白山南竜さん。ご招待した黒田です」

南竜は気がついた。あの時、ゴールデン街のバーにいた二人組か。南竜は洞察力もピカ一だったが、記憶力もあなどれない。この日は、緊張で気持ちが昂ぶっていたせいか、記憶力も冴え渡っていた。ここに来るまでの道程でおこったことは詳細まで記憶していた。そしてこの記憶力が、後に色々な情報からひとつのストーリーが浮かんでくる原動力にもなるのである。

南竜は、軽く会釈をすると無言のまま、黒田を見つめた。状況を説明せよというサインとして、沈黙と目力による気を送ったのだ。黒田は、率直に話を進めようと思った。この男に詐術は不要であろうとも考えた。さきほどのゴールデン街で観察していた白山南竜という人物をそのように見定めた。黒田は、南竜にある提案をしたのだ。それは、太閤一誠の伝記を書くことだ。黒田の意図はこうだった。白山南竜に太閤一誠の伝記を書かせることで、太閤とその裏側にあるものを彼に伝えるということだった。それは、南竜の調査能力を再確認するいい機会でもあるからだ。

白山南竜は、即答しなかった。いつもの彼の癖なのだろうか、腕を組んだまま考え込んでいる。時折、握った手をあごにあて、目は一点を見ながら、考えに耽っている。黒田はじっとだまったままであった。政財界の著名人が歓談する中で、このふたりを囲む空間だけは、静かなままだった。まるで異なる空間がそこに存在するが如く、異彩を放っていた。

そのふたりを後方から、松前が見つめていた。どんな結論に至るのかはわからないと思いつつ、右手に握ったグラスをおもむろに口に近づけると、一気に酒を飲み干した。

親子

宴の後といった表現が適切だろうか。盛大なパーティーはお開きとなった。個別に相談したい政財界の大物達は、今夜の主役エリンギ愛と二言、三言、言葉を交わしていた。翌日の昼食の約束をしようと詰め掛ける人々もいる。エリンギ愛が、受付の事務局員に申し込むように促すと、いくつかの集団は、足早にそちらに向かっていった。もう既に深夜を過ぎている。会場に残る人々に個別に挨拶をすると、エリンギ愛は自室に戻った。自室前には執事が待ち構えていた。日頃から仕えてくれる初老の男だった。人懐こさがある顔つきで、彼も母方は秦一族の出である。太秦映画村で舞台衣装の仕事をしていたそうだ。執事は、愛に一礼すると、用件を簡潔に伝えた。

「般若の寅蔵様がお待ちでございます」

寅蔵は非常階段脇の部屋で、外を眺めながら、これまでの人生を振り返っていた。ずいぶん長いものだなと思った。平均的な人間の寿命を考えれば、この思いはなるほどと思われた。この時のために生きてきた。いや、生かされてきたのだから。今宵の月はと思い、空を見上げるが月は出ていなかった。今日は新月である。

「そうだった、うっかりしていた」と寅蔵は心の中でつぶやいた。

エリンギ愛のお披露目会ゆえに、新月を選んだのであった。新しいことを始めるには、新月の日を選ぶ。それが彼らの知るプロトコルのひとつでもあった。

その頃、エリンギ愛は寝室で横たわっていた。さすがに疲れを感じ、少し体を休めたかった。ドレス姿のまま、ベッドの上に大の字になり、ため息の後に大きく呼吸をした。目をつぶっている。部屋の電気は消したままだが、電気機器のスイッチの光や、街の明かりが少し気になる。ほんの数分たったろうか、エリンギ愛は目を開き、上体を起こした。パーティー用のドレスがきつかったのか、さっさと脱ぎ始めた。服を脱いで楽になったついでに、水を一杯飲み干した。彼女専用の給水ボトルで、中身は琵琶湖の地底水である。水を飲み干すと、体の中が潤い、そして甦ったような感覚があった。全身、それも手足の指の先まで、鋭敏な感覚に襲われた。先ほどのパーティーでの疲れがうそのようでもあった。

愛は窓際に近づくと外を眺めた。晴れてはいたが、空は真っ黒である。うつむいて目をつぶった状態から、上を見上げた。光を浴びた感覚があった。月は出ていない。だが、月の光を浴びたかのようにエリンギ愛は全身を光に照らされ、その白い手足が光り輝いていた。彼女は目をつぶったまま、次第に両手を広げて、光を受け止めるような格好になった。まるで月からエネルギーをチャージしているかのようにも見えた。

ドアの外から音がした。数回のノックの後に、愛を呼ぶ声が聞こえた。例の執事である。般若の寅蔵との会見が、この夜の愛の最後の仕事なのである。執事は感じていた。エリンギ愛が会見に乗り気ではないことを。それをわかっていたが故に、少しだけ愛を待つことにしたのだ。こういう時は急かさない。愛が自ら動き出すのを待つ。愛のエネルギーチャージの儀式を部屋の外で感じたのであろう。その頃合を見計らって、声をかけてきた。

愛は無言だった。見上げた顔を正面に戻し、広げた両手をゆっくりと下ろし始めた。一度だけ、深い呼吸をした後に目を開いた。そろそろ時間ねと、自分にだけ聞こえる声量で話した。クローゼットからラウンジスーツを出して着替え始めたが、袖に手を通す段階で思いとどまった。ラウンジスーツをベットの上に放り投げると、下着をはずし始めた。全裸になった愛は、下着とストッキングも替えたのだった。気分転換も必要よと心の中でつぶやいた。今夜聞くだろう寅蔵からの話には、心をリセットしておく必要があると愛は感じていた。身も心もすべて初期化する。そんな心構えであたろうと、スーツに袖を通した瞬間に感じたのだった。着ているものはすべて新調する、そんな気持ちになった。

「お待たせしたわね」

部屋の外では、執事とメイドが数名待っていた。執事はだまって一礼し、利き手を前に出し、案内する仕草を見せた。執事を先頭にエリンギ愛の一行は、般若の寅蔵が待つ部屋に向かった。月の見えない夜かと、般若の寅蔵はつぶやいていた。盟友でもある太閤一誠の姿は瞼の裏側にしか映っていない。月を見ながらであれば、彼の顔は月の中に浮かんできたであろう。般若の寅蔵は考えている。今日はどこから話そうか、そして、愛にどのように伝えようか。今夜、愛に伝えなければならないこと、それは太閤一誠の半生記である。太閤と自身との思い出でもある。いささか主観が入ってしまう類の話だが、今夜伝えなければならないのは単なる思い出話ではない。太閤という生き方そのものなのだ。

ドアの外で声が聞こえた。エリンギ愛の執事のものだ。入室を促すとエリンギ愛が入ってきた。執事に椅子を引かれて、テーブルの前に腰掛けた。メイドたちは、飲み物の用意をしている。使用人達があわただしく動いている最中、エリンギ愛と般若の寅蔵は無言で、そして、お互いに動きはなかった。ただ、相手の位置を確認すると、そのままの状態で見合ったままであった。一通りの仕事を終えたのを見て、愛は使用人達を退出させた。執事はメイドたちを自室に戻らせた。控えていた警備の者達に廊下の守備をまかせると、執事はエレベーター脇の部屋に入っていった。そこが今夜の彼の詰め所であり、後は、忍者達にまかせることとしようと思った。

エリンギ愛は、椅子に座ったままだった。般若の寅蔵は、愛の正面の椅子に腰かけた。それを見た愛は、ようやくメイドが用意してくれた飲み物に口をつけた。愛は黙っていた。般若の寅蔵が口を開くのを待っているのだ。どんな話が聞けるかという好奇心はなかった。ただ、自分が受け入れられるかどうかという、自分自身の内面への問いかけがそこにあるだけだった。

寅蔵は、まずは形式的な挨拶をするに留まった。エリンギ愛が御前会議メンバーになったことへお祝いの言葉を述べた。それは、正式な太閤一誠の後継者としての周知でもあったのだ。表向きのパーティーはいわば偽装であり、エリンギ愛の実力を見せるためのお披露目の場でもあった。政財界の重鎮を集める力、それに集金力を見せるのもこのパーティーの目的であった。決して安い会費ではない。それでも集まってくる重鎮がいるパーティは、とりわけ表の世界でのエリンギ愛の影響力を見せつけるのに、格好の舞台となったのである。

愛は、素直に喜びを表現したが、内心は複雑な思いだった。この気持ちを寅蔵にどう伝えるのかは思案しかねていた。寅蔵は愛の様子を見ながら、話を続けた。太閤一誠の正式な後継者になったからには、いくつかやらなければならないことがあると伝えた。それは儀式的なものだけではなく、受け継いだ資産の確認であり、そのための巡回の旅があるということだった。そして、最後にこう切り出した。巡回の旅の最後に、太閤と会って、そこで親子の名乗りをあげたらどうかと。愛の表情が曇った。

エリンギ愛が今晩の会見に気が乗らなかったのは、このことが原因だった。やはり、そういう流れになるのかというのが、偽らざる心境であった。愛は顔を背け、やや斜め下を向きながら、しばらく考え込んだ。ほんの10秒位の時間だ。視線をあげて深呼吸を一度して、斜め上を見ながら、言葉を発する決心をした。斜め上側には窓が見えた。その外にある、見えないはずの月が、エリンギ愛には見えていた。そして、般若の寅蔵に自分の意思を伝えた。

「今までどおりの師弟関係でいたいのです」

エリンギ愛は、感情をおさえた言葉で、自分の意思を寅蔵に告げた。寅蔵はその言葉を聞いた瞬間に目を閉じていた。しばらく目を閉じていたが、口元に力が入ったのか、渋い表情にも見えた。予想していた答えだった。この親子の関係を考えれば、この回答は想定の範囲内であった。では、次にどうするのか、口を閉じたまま、鼻で軽い呼吸をした般若の寅蔵は、目を開いた。

そこに見えたのは、光を浴びたエリンギ愛であった。今日は新月のはず‼ と寅蔵は目を見開いたが、出ているはずはない月、その月明かりを浴びてエリンギ愛が光り輝いている。愛は目をつぶったままだ。

「この娘ごは、不可能も可能にするのか」寅蔵は内心驚いていた。それと同時に「まあ、それでもよかろうと」と心の中で思ったのだった。師弟関係でも良いではないかと般若の寅蔵は妙に得心したのである。この不思議な力をもった娘が御前会議のメンバーになり、太閤一誠の後継者になったのだ。今のところはそれでよかろうと思っている。

時計の針を見ると、小一時間は経過していた。ほんの数分のように感じられた時間であったが。結果としては、説得はできずに結論はでないままであった。これで、ふたりの話は終わったかのように見えた。

太閤

午前0時が過ぎて、日付が変わった。パーティー会場は閉鎖された。会場外の小部屋には何人かが残っており、話あっている。ホテルの外は、タクシーの行列で、普段は見られないような光景である。帰る人もあれば、残る人もある。昔を懐かしんでゴールデン街に繰り出す面々も幾人かはいる。世代によっては、青春の思い出の地なのである。

「続きは下のバーででも」

外交官黒田がこう提案した。相手は、白山南竜で、先ほどから黒田の話を聞いている。パーティー会場の閉鎖までに、話は終わらなかった。話が尽きなかったという感でもない。南竜としては、現時点での情報量では、判断しかねたからだ。黒田の提案自体は悪くはないと思っている。ジャーナリストを生業にする人間に、ノンフィクション作品を書けという提案である。情報提供と取材協力もしてくれる。こんなありがたい話は滅多にないと思っている。

そんな意味合いもあり、太閤一誠の話を続けていたが、南竜にはある疑問がある。「太閤一誠とは一体何者であるのか？」という疑問である。既に、経済、ビジネス書で語りつくされている。取材対象としては、新鮮味もないだろう。仮にも世界政府大統領にまでなった男だ。これまでも何人もが取材をして半生記のようなものは出版している。それをいまさら……というのが南竜の偽らざる気持ちであった。

そんな南竜の気持ちを読み取ったのか、黒田は問いかけた。世に出回っているビジネス書の類での太閤のイメージとはどんなものなのか？　南竜は知っている限りのことを答えていった。太閤一誠、女性向けビジネスで成功したビジネスマン、その後ビジネスを広げ、観光事業で莫大な財産を築く。その後、晞宝館大学院を設立、学術研究でも社会に貢献し、その貢献度が評価され、初代の世界政府大統領となった立身出世の大人物。南竜が答えられたのはここまでだった。黒田は無言でそれを聞いていた。

「それ以外のことは?」

黒田が沈黙を破った。それ以外のこと? 南竜はハッとした。表向きの顔以外の太閤一誠の顔は謎だった。生まれた場所も育った場所も曖昧だ。ビジネス書にはその類の生い立ちは書かれない。必要ないのかどうかはわからないが、少なくとも、太閤に関する話は成功法則の類が多く、出自にまで触れることはない。白山南竜は、黒田の意図するところが理解できてきた。それならば、その謎解きを自分がやることになるわけだと、ちょっとだけわくわくした気持ちになってきた。この好奇心こそが、ジャーナリストとしての自分を奮い立たせている原動力でもある。南竜の顔をみて、黒田もようやく表情を緩めた。計算どおりにこの男を動かせそうだという打算もそこには含まれていた。

出自

そこにないはずのものがあった。輝いているのだ。窓の外を見た寅蔵は、不思議な感覚に襲われた。あるはずがない月が輝いているのである。今夜は新月である。月が見えるはずがない。

だが見えないものが見えている。振り返るとどうやらこの娘が、奇妙な現象の原因のように思えるのだった。

寅蔵の目の前には、エリンギ愛が座っている。テーブルには、紅茶が半分ほど残ったティーカップが置かれている。よい機会かもしれないと寅蔵は感じた。今宵ほどあの男のことを語るにふさわしい時はなかろうと確信していた。

「では話そう」

寅蔵が、太閤一誠の半生を語り始めた。

愛にとっては、初めて聞く話であった。愛が知らない太閤一誠像がそこにはあったのだ。

太閤一誠の出自は知られていない。一般のビジネス書ではそこまで触れることはないし、自叙伝的な話でもビジネスの立ち上げ期くらいからしか書かれていない。これは情報統制のたまものであった。知られてはまずい、変に勘違いされても困る類の情報であったからである。

太閤一誠は、中国四川省の貧しい家庭の末っ子として生まれ育った。四川省は元々、チベット族の領地である。チベット自治区という区切りは決してチベット族の領地をあらわしているわけではない。四川省の北側陝西省、甘粛省《かんすうしょう》も含めたいわゆる西域と呼ばれた土地がチベット族の領地であった。その西にはウイグルが広がる。またの名称を東トルメキスタンといった。名前のとおり、トルコ系の民族である。巨大なユーラシア大陸は、遊牧民を中心とした民族移動の歴史でもあったのだ。簡単に言ってしまえば、神聖遺伝子ＹＡＰを持つが故に日本に来たのだ。神聖遺伝子ＹＡＰ、そのプロトタイプはセム族のプロトタイプとも言われている。つまり、創世記にでてきたアダムの子孫、ノアの箱舟で有名なノアの三人の息子のうちのひとり。中東を含めたアジア系の民の元祖がこのセムである。

考えてみれば、四川という地名も妙である。４つの川をあらわしてる。聖書の創世記には、４つの川が登場する。エデンの園があったという場所である。四川とはその暗号なのか？それは考えすぎなのか？神聖遺伝子ＹＡＰは、日本人とチベット人に共通の遺伝子タイプである。また、少数ではあるが、ネパールの人間にも見られる。彼らは、シャカ族の末裔だと言われている。釈迦族、つまりお釈迦様の一族である。彼らは中央アジアから来た。前記の西域と呼ばれるユーラシア大陸の中央部であり、現在の甘粛省の西側、ウイグル自治区と呼ばれているところである。

そこは古来から月氏が支配する地域であった。月氏、一説には月読の一族と言われている。日本に渡来した秦一族が月氏だという説もある。応神天皇の時代に渡来した秦一族は、弓月君《ゆみつきのきみ》に率いられていたと、正史には記載されている。弓月とは……月氏の王なり。日本古来の日の神と月氏の祀る月が融合したのでは？という推理も成り立つ。それゆえ、丹後一ノ宮籠神社《このじんじゃ》の裏社紋は、六芒星の中に太陽と三日月が描かれているのでは？そして、近代の明治という元号は、日と月が治めると書く。そこに歴史の謎が秘められているのではと勘ぐるのである。

話を太閤一誠の生い立ちに戻そう。彼はたいそう歴史に興味がある少年だったようだ。前述の話も、太閤が般若の寅蔵と語り合った際にぽろっと出た話が元になっている。彼の幼年時代の想いが、晞宝館大学院を設立し、世界的な学術研究機関にまで成長させた原動力であったと言っても過言ではない。特に歴史研究では、まずは晞宝館大学院というのが世界の合言葉である。

「やつは、シュリーマンになりたかったんじゃよ」

般若の寅蔵がエリンギ愛に語りかけた。シュリーマンとは、トロイの遺跡を発見した人物である。職業は商人で、商売で築いた富を使い、子供の頃からの夢だったトロイの遺跡を発掘した人物だ。太閤の人生には、こういった指標が常にあったのだ。太閤という人物の意外な一面を知って、エリンギ愛は驚いた。自分の知る太閤とは違っていた。愛の太閤への感情は、そのほとんどが、母から聞かされてきたものによる。女の思いには怨念が宿る。そういう意味でも、般若の寅蔵が語る太閤像は新鮮でもあった。ここまでは、寅蔵の思惑はうまくいっていた。

「やつの家族の話をしようか」

寅蔵は、太閤の半生の物語を続けた。太閤には、兄弟がいた。末っ子ゆえに苦しんだ時期もあったようだ。父親は農業を営み、母親は町で商いをしていた。その商いの縁で最初の師と出会ったようだ。祖父は、鉱山技師であった。清朝の皇帝に伝えた鉱山師であり、錬金術の秘法を知っていた。

そして、父は無学だったが、この祖父の錬金術の秘法だけは理解していたそうだ。その秘法を受け継いでいたが故に、太閤の立身出世は、裏の世界では錬金術立志伝と呼ばれていた。

エリンギ愛は驚いた。表情にもそれは表れていた。その表情を確認しながら、般若の寅蔵は話を続けた。太閤は少年時代から愛される人柄で、その不思議なオーラをまとった少年は、周りの大人たちをとりこにし、色々と取り立ててもらったようだ。最初にその少年の魅力に気がついたのは、母親が商う店にやってきた雲南の老人であった。少年時代の太閤の才能を、最初に花開かせたのはこの老人であった。老人は少年時代の太閤に、学問を教えてみた。するとみるみるうちに吸収していった。老人は、四川の知人夫婦にこの少年の面倒を見るように推挙したのだ。書籍を多数所蔵するこの知人夫婦宅で、少年時代の太閤は写本に明け暮れた。そして、そこで得た知識と本来もつ不思議なオーラで人々を助けていった。老人から紹介された人物から気功術や整体も教わり、心や体の癒しでも人々を助けていったそうだ。

エリンギ愛の表情が変わってきた。愛の内面にある太閤のイメージとは合致しないのであろう。困惑がみてとれる。それを観察しながら、寅蔵は話をすすめた。少年時代の太閤は、愛される存在であった。だが同時に、他の兄弟からは妬みをかったのも事実だ。そのため家にいづらくなったのだ。

「どうなったの？」

愛が口を開いた。彼女にとっても心が痛む話であった。エリンギ愛、彼女自身隠し子ゆえの苦労を重ねてきた身である。少年時代の太閤の苦労とオーバーラップする部分もあったのだろう。

改めて、太閤一誠という人物を見つめ直す良い機会だと考えるようになっていた。

修行

エリンギ愛の反応を見て、寅蔵はうれしく思っていた。やはり、今夜が最適だったようだと感じていた。エリンギ愛の心が緩んでくれたことがうれしかった。太閤とのわだかまりは、この親子にとってだけではなく、この国の不幸になる。いや、この地球という世界全体の不幸にもなりかねないのだ。

寅蔵自身、太閤のことを思い出しながら、話を続けた。

少年期の太閤は、思いつめて家出をした。最初は、師である雲南の老人の元に行こうと思ったようだが、老人に諭され、ひとりで旅に出ることにしたそうだ。それは修行の旅であり、色々な人との出会いで成長する道程だった。旅の費用も支援者のご夫人から戴いたようだ。気功と整体で日頃から人々を癒していたことに対する恩返しだったとか。相手に与え、そして相手から与えられ、それが人の将来を形作るのである。太閤の形は、もうこの時期にはできあがっていたんだろうな、寅蔵の話を聞きながら、エリンギ愛は自分の人生を反芻していた。太閤一誠に関わった女性は星の数ほど多い。それが愛にとっては嫌悪の対象であった。だが、見方を変えるとそれは、愛して愛されてという関係だったのかと思い始めた。自身の母も愛し愛されたのだ。母が太閤にナニを与えたのかは定かではない。だが、与えてくれたのは、私という命と気持ちと形だったのではと思ったのだ。そんな愛の心のゆらぎを感じた寅蔵は微笑みを浮かべた。

話は太閤の修行時代に戻る。四川の少年時代に覚えた気功や整体術で人々を癒していった。最初に向かった先はモンゴルで、師匠である雲南の老人からの指南だった。モンゴルでは、遊牧民の族長にも気に入られた。その存在感がいたく印象的だったと伝え聞く。少年から青年への変わり目の時期だった太閤であったが、少年時代からの不思議な魅力は衰えることはなかった。族長の配下である将軍やその妻からも好かれ、愛された。そして、癒し手としてのオーラはますます増していった。モンゴルの大草原で暮らした時期の話は、実はそれほど聞いているわけではない。ただ、それを話すときの太閤の表情は、実ににこやかだったという。少年期から青年期への過渡期ということと、大草原という自然環境、馬による移動など、男の子にとっては、楽しい活動期となったと思われる。寅蔵は、太閤の言葉を思い出した。「たくましかったよ」太閤はそう言ったのだった。

そんな楽しい時間だったが、終わりは必ずくるものだ。次の修行の場への移動である。それを勧めてくれたのは、部族長の配下の将軍であった。太閤の中に才気をみたのであろう。より多くの見聞を広めよと、外の世界を見ることを勧めてくれた。部族長も、太閤をたいそう気に入っていたようで、旅立った太閤を部下に追わせたようだ。結果的には、部族長も納得してくれて、旅を続けることができた。この頃の太閤も、立身出世の道を歩んだ時と変わらず、目上のものに引き立てられていた。それが太閤の一番の才能であろうと、般若の寅蔵はしみじみと語った。

次に太閤が訪れたのは、ホータンという中央アジアのオアシス都市である。漢字では和田と書く。ここではオアシスに寄る商人から色々な情報を集めたそうだ。太閤の商才は、ここで磨かれたのかもしれない。特に苦労もなく、次の目的地であるチベットに行くまでの資材と資金を調達できたようだ。寅蔵は思った。太閤の資質をもってすれば、それはたやすいことであろうと。それに彼の持つ癒しのオーラが、砂漠のオアシスにあっては本当に貴重な存在であったことは、太閤をよく知るものにとっては、当然のようにも思えた。

チベットにはどうやらひとりで向かったらしい。そこでは新たなる修行が待っていた。それは、房中術である。

「房中術?・」

エリンギ愛がはなった言葉に、般若の寅蔵は、こくりとうなずいた。房中術とは気功の技のひとつで、自身の精気を内部にはめこみエネルギーとなす技である。また、相手からの精気を自分の中に取り込むという技もある。この場合の相手とは性交渉の相手を指す。エリンギ愛の表情が曇った。「恥ずかしがる年頃でもなかろうに」寅蔵は内心苦笑した。愛は、20代の前半にみえる。だが、太閤の年齢と母親との出会いの時期を考えるとその倍の年齢であってもおかしくはない。寅蔵は話を続けた。

ひとつの道を進むには、色々な流儀を会得する必要がある。この時の太閤もその轍を踏んだまでだと、説明を加えた。相変わらず、エリンギ愛の表情は曇っている。

チベットでもまた、師匠に巡り会えた。気功術の達人の老人である。ここでもまた、太閤の魅力のオーラに包まれた人々がいた。気功術の老人の弟子達である。老若男女問わずに、太閤の周りには人だかりができた。この頃は、太閤も青年期に入りたての時期であり、癒し手として熟成してきた時期でもある。村人などは太閤に触られただけで癒されたと聞く。その様子を見た気功術の老人の妻と娘も、太閤に惹かれていった。娘の年頃は太閤と近かった。気功術の老人も太閤を娘婿にして、後継者にしようと望んだようだ。だが、関係ができたのは娘ではなく、老人の妻のほうだった。愛は黙って聞いている。父である太閤の女性遍歴は聞いていたが、このチベットのくだりには驚いた。

母親は、夫である気功術の老人からの奨めもあり、娘と太閤とをくっつけようと画策したそうだが、結果としては、その母と娘の両方と関係を持つことになったそうだ。その後の経緯は、太閤は笑って語らなかったが、察するにどうやらそこには居づらくなったらしい。馬を駆り、故郷の四川に戻ることにした。後日、わかったことだが、その娘は太閤についてこようと後を追った。太閤に追いつくことはできたが、説得されたのか、チベットに戻ったようだ。

エリンギ愛は、父親の青年期までの話を聞いて、なんともいえない気持ちになってきた。言葉が出なかった。それだけ、自身が抱いていた太閤一誠という男の肖像とはかけ離れていたのかもしれない。

来日

太閤一誠の記録は、立身出世後しか存在しない。それが暗黙の了解でもあったのだ。だが、それ以前のことを知っている人物はいる。

バーのカウンターに並んだふたりは、酒を酌み交わす間にもお互いの表情を窺っていた。外交官の黒田とジャーナリストの白山南竜である。今まで聞いた太閤の生い立ちがどこまで信憑性が高い話なのかを探っている。白山南竜には、多少の疑念もあり、鋭い視線が黒田に向けられた。

黒田の答えはこうだった。

「秦一族の一部の人間だ」

情報ソースをそれとなく、白山南竜に伝えた。更に黒田は続ける。秦一族は、太閤に秦野武蔵という名前を与えているという事実や、来日時の身辺調査をおこなったということだ。南竜は、得心するとともに、更なる疑念も心にわきあがった。「一体、誰が?」南竜の関心は身辺調査をおこなったというくだりだ。黒田は、それとはなく諜報機関の介在を匂わせた。

「なるほどね」

声にはならない声でつぶやいた。白山南竜の口の中で響いただけだった。

南竜には、ピンときたようだった。だとすれば、目的があったはずだと確信し、心の中では、太閤が工作員である可能性も加わった。

一方で、エリンギ愛と般若の寅蔵は、太閤が来日する直前の話をしていた。愛は、ようやく普段の表情に戻っていた。カップの紅茶を飲み干すと、寅蔵を見上げた。寅蔵は、月の光を背景にして、シルエットだけを愛に見せ、新月なのに輝く月の光を背中で感じながら、太閤のことを考えていた。今宵の月は、太閤が光らせているのかもしれないと。寅蔵のほほが若干緩んだ。

太閤は、中国共産党の大物幹部に可愛がられていた。持ち前の気品あるオーラで周りの人たちをとりこにしていった成果だ。当時の大物幹部には、かつての威光はなかった。史上最強の№2と以前に言われていた人物は、病気療養のために地方都市の病院に入院していた。大物幹部が彼を忌避していたのに対して、太閤はひとり、彼を見舞った。そのことが太閤の評価を大きくあげたのだった。

「韜晦《とうかい》の術じゃよ」

寅蔵は、エリンギ愛に話しかけた。実は、この大物幹部の病気は偽りであった。偽りの情報を流し、自分に忠実さを示すもの、敵対するもの、離れていく日和見なものとを選別していたのだ。なかなかやるなと寅蔵は思い、苦笑してあごに手をあてながら語ったのだった。

太閤が日本を目指したのは、この大物幹部の指示でもあった。伝え聞く話だと、懇願されたとも言われている。太閤にその件を一度だけ尋ねたことがあるが、笑って答えなかった。だが、代わりに始皇帝の話を寅蔵に聞かせてくれた。歴史話をしている時の太閤は、それは機嫌がよかったものだと、寅蔵はしみじみ語った。

今思えば、それが答えのようなものだったのかもしれないと寅蔵は思っている。太閤は、少年時代に始皇帝に憧れていた。修行の旅の最中も、始皇帝にまつわる場所に立ち寄ったと聞いたことがある。出世願望が強かったというのは、エリンギ愛の太閤一誠に対する評価である。それゆえ、自分の母親が犠牲になったと思っている。そんな愛の心の機微を見とり、寅蔵は諭すように言った。

「やつらは知っていたのじゃよ。この世の中の秘儀というものを」

寅蔵は、愛を見つめながら話を続けた。両手をあごの前で組んだその顔は、いつになく真剣味を帯びていた。愛は心して聞く姿勢を保ち、寅蔵は続けた。

「徐福じゃよ」

秦の始皇帝が徐福を日本に派遣したことを説明した。皇帝の秘儀を知った人々は、日本が秘伝を隠す場所だったということを知っていた。太閤も、感覚的にはわかっていたのかもしれない。なにせ、祖父は清朝皇帝の配下で錬金術の秘法を守り続けた一族であるからだ。中国共産党の大物、史上最強の№2といわれた男が太閤に託した最後のミッション。それは、日本に行くことだった。太閤一誠は現代の徐福なのだと寅蔵は言ったのだ。

そして、錬金術の秘法もまた、エリンギ愛が相続するものだということも伝えた。これからはこういった秘法、秘伝も知らなければならない立場になる。愛は黙ってうなずいた。

前世

太閤が豊臣秀吉の前世を持っているというのは、政財界では有名な話である。白山南竜は、それをあっさりと受け入れた。なぜなら、彼は、密教の修行を経験している人物だったからだ。霊的なことは若い頃から知識を得、実際に修行し、実践してきた。それに……政財界では、霊能力者を指南役として仰いでいるのは、公然の秘密といってもいい。南竜はそのことを外交官の黒田に話した。そして黒田は、官房機密費がそうした目的で使われていたことも、否定しなかった。

つまり、日本の國躰《こくたい》は、霊的なものにより保護されていることを、このふたりは知っているのだった。

そして、白山南竜は太閤こと豊臣秀吉の正体を、今回の関わりを通じて知ることになる。歴史にうずもれた真実が、現代社会の秘密をも解いてしまう鍵になることも合わせて……。

前世が太閤秀吉ゆえに、太閤一誠は日本にやって来た。

それゆえ、今夜の主役は、政財界の大物と接触しているわけか。白山南竜がまとめた。

その今夜の主役であるエリンギ愛は、寅蔵から教えを受けていた。太閤から受け継ぐべきものについてだ。

秘めた恋

エリンギ愛の母親は秦一族の女であった。それも表に出られない一族の女であった。太閤とは、まだ太閤が秦野武蔵を名乗る前に出会った。来日直後で、九州の一角で小さな商いをはじめたばかりの頃だったと聞いている。

出会いは必然だったのだ。愛の母親の過去世は、秀吉の正室、北の政所おねであった。出会った瞬間にお互いの魂が惹かれあったらしい。当時を知るものはこう語る。まるでふたりが光の球体に包まれたようにも見えたと。もしも魂が呼び合う瞬間があるのだとしたら……そのような光景なのかもしれない。エリンギ愛は、寅蔵の語りを静かに聞いている。自分も知らない父と母の姿、それに恋に落ちた瞬間……愛の気持ちには変化が芽生えていた。

魂が惹かれあったふたりは、禁断の恋に走った。当時の太閤は、現在と違い、駆け出しの、来日したばかりの外国人であった。その相手は、秦一族の、それも秘められた家系のもの。身分違いの恋である。それゆえに燃えたのか？　それは当事者にしかわからない。般若の寅蔵とてわからない。この時は、まだ太閤とは面識もない。太閤の恋を知ったのは、それこそエリンギ愛の養育に関わってからの話である。それゆえ、愛は、般若の寅蔵を「おじ様」と呼ぶのだ。

その恋により生まれたのがエリンギ愛であった。本来ならば、存在してはいけない存在。それゆえに、愛は生まれた直後に養子に出された。受け入れたのは、秦一族のある家である。そして巡りめぐって、愛は、将人神風の養女にもなっている。秦一族の本流の血筋である。いまやエリンギ愛は、名実ともに秦一族の正統後継者になっているのである。

愛にとっては、不思議な話だ。太閤の出自のことである。これはあくまで推測だが、という般若の寅蔵の説明を聞いて、得心がいったようだ。寅蔵曰く、神聖遺伝子ＹＡＰは日本人とチベット人と共通、チベット族の生息地である四川省ならば、太閤もＹＡＰ遺伝子を継承していても不思議ではない。そして、血の継承こそが、霊の継承にもつながると。

同様の話を、白山南竜と外交官黒田も交わしていた。南竜の博識に、黒田もついつい、口がゆるくなってしまったらしい。久々に手ごたえがある相手に、会話が楽しくなっているようだ。

交渉術は流石に未熟だが、この博識は外交官向きかもしれないと黒田は、白山南竜を評した。

「天皇家も継承で同じことをやりますよね」

白山南竜の答えに黒田はうなずいた。天皇家の継承儀式、大嘗祭では、天照大神の御魂を降ろす儀式がある。万世一系という血統のつながりは、そのまま霊統の保持でもあるのだ。天照大神の霊統を引き継ぐための資格でもある。それゆえ、男系にこだわり、神聖遺伝子YAPを保持してきたのである。

「そのことがわからんものは……」

外交官黒田がつぶやくと、間髪入れずに白山南竜が答えた。

「おろかものということです」

バーのカウンター席に一瞬の静寂が訪れた。わかり合えたもの同士の微妙な空間だった。

愛そして情

太閤が愛の存在を知ったのは、秦野武蔵を名乗ってからだった。琵琶湖の地下都市で、愛の母親を知るものたちと関わってからだ。それは必然だったのではないかと、太閤は今でも思っているらしい。魂が通じ合ったふたりの恋は愛という形で成就したのだ。愛の話を聞いたとき、太閤は涙したと伝えられている。好きな女との恋が、子供という形で実ったのだ。太閤の心のさまを、外的に表したのが、涙だったのだろう。太閤一誠は、全力をあげて、この子供を守ろうとした。愛のことを知った太閤は、資金的な援助はもちろんだが、人的な援助も惜しまなかった。地上では、般若の寅蔵、地下都市では将人族の力を借りて、日に影に愛を支えてきた。

「やつは情でできていると言っても過言ではあるまい」

般若の寅蔵があごをなでながら、エリンギ愛に語った。表情はややにやけている。親愛の意味もこめた笑いである。太閤という男は、一度だけ抱いた女性でさえも大事にする。寅蔵は、微笑みながらこのことを話した。太閤一誠は、来日直後に日本人と結婚して、戸籍を得られるチャンスがあった。だが、太閤は悩んだ末に辞退したそうだ。その時一緒に来日したベトナム人の女性を捨て切れなかったようだが、特に深い関係というわけでもなかったらしい。

「やつらしい選択じゃよ」

般若の寅蔵は、にやりとしながら語りかけた。エリンギ愛には意外だった。自分の母への仕打ちを考えれば、それは今までになかった太閤一誠像だったからだ。般若の寅蔵は続けた。太閤の魅力は、その独特のオーラと癒し手としての力だけではなかった。誠実さも魅力であった。そして、それを愚直なまでにつらぬく生き方こそが、彼が支援された要因だった。

だからこそ、一人娘は世界一の宝物であった。般若の寅蔵は、エリンギ愛に太閤の本心を伝えたのだった。

氷解

穏やかな表情だった。月明かりが更にそれを美しく見せていた。流石の般若の寅蔵も少しの間見惚れていた。太閤に対するわだかまりが、雪解けのように消えていったエリンギ愛。彼女の表情は美しくも高貴なものに変わっていた。受け入れる心構え、一種の覚悟のようなものだろうか、それが彼女の表情を気品のあるもの、気高きものに変えていった。

窓の外は明るくなってきている。夜通し話し続けたせいか、般若の寅蔵の顔にも疲れが見えてきた。

夜通し説得する覚悟はあったが、終えると流石に緊張感が抜けたせいか、一気に疲れを感じた。エリンギ愛は目を閉じている。これまでの人生を反芻しながら、新たに得た太閤一誠像を思い起こしているのだ。ふと目をあけたエリンギ愛が、寅蔵に話しかけた。

「もう一度、太閤に会えたらよかった」

寅蔵は静かにうなずいた。太閤は、既に地球を離れていた。世界大統領の任務は終えたと自覚していたので、新しいことに取り組むことにしたのだ。太閤は、今、月にいる。月で次に来たる事象への準備をしている。

「いずれ、愛にも太閤がどのように月に向かったのかを説明せねばなるまい」

寅蔵が心の中でつぶやいた。

月読

日本の神話に登場する神様で、月読ほど影が薄い神様はいないだろう。スサノオ、天照と並んで、三貴子と呼ばれる割に、語られる部分はほぼない。ある人はいう。これは隠されているのだと。

白山南竜は、自宅のオフィスでそんなことを考えていた。

「あの夜の話は濃かったな」

南竜は、エリンギ愛のパーティーに呼び出された夜のことを思い出していた。あの外交官の男、かなりのものだ。あそこまでの知識を、理路整然と話すにはよほどの情報処理能力がいる。馬鹿ではできない。さりとて、あれだけの長期間に渡って、相手を見極めながら会話をする、否、交渉と言ってもよいような内容だったな……をする。相当の忍耐力、自己抑止力がいる。普通のエリートなら、小ズルイ考えで避けるだろうなと、南竜は考えた。利口でもできない。南竜は、深くため息をついて考え出した。太閤一誠の自叙伝の構想についてである。

その頃、エリンギ愛は、般若の寅蔵達に案内されて、地下施設に来ていた。太閤が残した遺産を継承するのに、それらを視察するためである。案内人は、秦一族に連なる者たちであった。日本中至るところに、地下施設が隠されていた。それはテリトリーごとに管理されている。般若の寅蔵もそのひとりである。

視察は、琵琶湖から始まった。太閤の直轄テリトリーである。琵琶湖の地下には、太閤が築いた地下都市が存在する。そこでの主な任務は、電脳コンピュータNAKAIMAの管理である。この超高性能コンピュータは、琵琶湖の地下水で冷却されている。また、プラズマを使った水処理施設も地下にある。京都方面には上賀茂神社、地下には日本中の電力周波数を制御する施設もある。

「これほどまでとは……」

エリンギ愛の素直な感想である。屈託のない表情で、現実を受け止めている。先日来、太閤一誠への怨念が氷解したからか、事実を素直に受け入れるようになっていた。「今のわたしなら太閤一誠の業績を、客観的に評価できるかもしれない」と考えている。

エリンギ愛たちの視察は続いた。地下道路から車両でいったん地上に出た。地下施設は、基本的には、自衛隊と政府関係者だけが使える非常用の施設で、それ以外に使用できるのは、皇室と特務機関だけである。エリンギ愛たちはそれらと同じ特権を有していた。

「御前会議の威光ね」

エリンギ愛は、般若の寅蔵に話しかけた。寅蔵はあごを上げ、やや上を向きながら、うむと一言だけ言った。車は高速道路に乗り、大阪方面に向かった。

「次は、四国じゃよ」

寅蔵が愛に告げた。次の目的地は四国の剣山であった。明石から、橋を渡り、淡路島経由で四国に入った。瀬戸内海を橋の上から眺めながら、エリンギ愛は今後のことについて、寅蔵と話してみた。当分は、地下施設の視察が続くと寅蔵は伝えた。愛が長距離移動に難色を示すと、寅蔵は笑いながら答えた。あまり時間はかからないと。エリンギ愛には、まだその意味がわからなかった。

四国剣山

古代ユダヤ、ソロモン王朝の秘密を語る、神武以前のウガヤフキアエズは、王の名前ではなく、王朝の名称であった。古代ユダヤからタルシシ船と呼ばれる大型船で、日本にやってきたソロモン王の流れである。海人族とは、彼らのことを含めた海洋民族の総称で、卑弥呼の一族もまた海人族であり、始皇帝が派遣した徐福の一族とも関わりを持っている。彼らが、実質的な古代天皇家である物部の一族である。彼らの祭祀一族が忌部といい、四国徳島に逃げてきて、古代ユダヤの流れと合流したのだ。日本の歴史も、世界の歴史も封印されている。日本の歴史は、藤原氏により封印され、世界の歴史は、イルミナティにより封印されている。

「それゆえに我々は、良くも悪くも注目されている」

寅蔵は苦笑しながら答えた。それは、今後起こる事件、寅蔵が幽閉されるという事象を暗示しているようだった。

九州開聞岳《かいもんだけ》

寅蔵は、エリンギ愛に伝えた。

「ここは買い物だけだそうだ」

愛には意味がわからなかった。

「開聞岳《かいもんだけ》〜」

エリンギ愛に仕えていた、秦一族のものが言い放った。

「帰りましょう」

愛は即答した。寅蔵は苦笑していた。

光速トンネル

「これから箱根に向かう」

車中にて、般若の寅蔵がエリンギ愛に告げた。車は、瀬戸大橋を経由して本州に戻っている。名神高速道路から東名高速道路への乗り継ぎか、難儀な旅になるなと、エリンギ愛は感じていた。

ドアに肘をついて、愛は、車窓の風景を眺めていた。車は京都東インターで、高速道路を降りた。不思議に思った愛に、般若の寅蔵が答えた。時間はかからないからとだけ。

車は、一昨日いた場所である琵琶湖の地下に戻っていった。車から降りた一行は、地下トンネルを通り、更に地下に降りていった。こうなると迷路のようだった。何度も経験している寅蔵は、落ち着いたものだったが、初めてこのダンジョンの地下迷宮に降りる愛にとっては、緊張する瞬間であった。

「さあ、着いた」

寅蔵が、振り向きながら、愛に話しかけた。

そこには、地下用のリニアモーターカーがあった。地下施設でも特別なものだけしか利用できない施設である。地下のリニア専用のトンネルは「光速トンネル」と呼ばれている。

「移動速度はマッハ1、つまり時速1000㎞じゃよ」

リニアを正面に見ながら、般若の寅蔵は説明した。寅蔵の方に顔を向けたエリンギ愛は、無言で寅蔵の顔を見つめていた。太閤の遺産は予想以上のものだった。愛の想像力では、もう既に予測不可能なレベルであった。様々なことが、頭の中をよぎった。

「これなら時間はかかりませんわね、おじさま」

顔を地下リニアの方に向けたエリンギ愛は、そう言葉を発した。ふたりは、並んで地下リニアを見つめていた。

九頭竜会

時速1000㎞の世界である。マッハの壁を地上ならぬ地下で越えたことになる。箱根に到着するのは、ほんの瞬きの間であった。到着した一行を出迎えた集団がいた。エリンギ愛はその顔に見覚えがあった。

箱根の地下で会見したのは、九頭竜会の面々だった。秘密結社九頭竜会は、元々は中国特務機関であった。箱根の芦ノ湖に本拠があったことから、その名前になったという。九頭竜神社は、その象徴であり、彼らの守り神であった。箱根地下から富士山まで地下トンネルを掘り、そこの管理運営をおこなっていた。

「以前は太閤と敵対していた組織だったんじゃよ」

般若の寅蔵が説明した。

九頭竜会は、太閤を邪魔に思っていたが、エリンギ愛への愛により、日本の国体護持に協力し、いまや富士山噴火を抑える重要な役割も果たしている。

「おまえさんのおかげじゃよ」

般若の寅蔵は、さりげなくエリンギ愛を褒め称えた。

寅蔵は、説明を続けた。彼らの協力に対して、こちらからは科学テクノロジーを提供して、彼らに思う存分働いてもらうことにしたのだ。富士山噴火を抑えるテクノロジーは、ヤタガラス科学忍者隊から提供されていた。科学はエリンギ愛の及ばぬ分野ではあったが、太閤の後継者となるには、そういう分野も掌握できねばならぬと感じた。言葉で知るよりも、身が引き締まる思いがした、エリンギ愛は、後にそう答えている。

徐福伝説

九頭竜会の頭目は、嘉乃瑛心《よしのえいしん》といった。農林水産のドンの異名を持つ人物である。九頭竜の由来は9名で編成された会議体から来ている。会議体が先だったのか、人数が先だったのかは定かではない。政財界の御前会議と呼ばれており、9名ですべての特別会計と国家予算を決定する意思決定機関である。その予算は200兆円といわれ、国土強靭計画の名の下に、彼らが取り仕切っていた。

実は、富士山は国定公園なれども個人所有権が設定されており、富士山の天然水で巨万の富を得て、九頭竜会の活動資金としていた。かつては西の太閤、東の嘉乃と呼ばれていた。般若の寅蔵の話を、黙って聞いていたエリンギ愛だったが、これらの地下組織や自分がこれから引き継ぐものの大きさを感じて、内面では緊張の高まりが起こっていた。

九頭竜会の組織はそれだけではない。富士山自衛隊演習場では、民間有事防衛隊が組織されており、隊員の数は28万人にも及ぶ。そのトップが嘉乃瑛心である。嘉乃とは、中国秦始皇帝が理想とした夏の国《かくに》の一族である。実は、忽然と中国大陸から消えた夏民族は、後に徐福伝説とともに日本に帰化した。徐福伝説は、3000人でなく、300万人に及んだのだ。

在日中華組織は、既に紀元前から日本にいて、全員が日本語を話していた。それは日本語こそ古代世界言語だったからだと、白峰論文に在った。

実は、太閤も嘉乃も見えざる力により動かされていた。エリンギ愛の天命のために……。

嘉乃瑛心は太閤と対立したが、唯一、命令を受け取る人物がいた。**忍秦白峰**《しのはたはくほう》という人物である。

「いずれわかることじゃて」

寅蔵が愛に語りかけた。

嘉乃瑛心の説明がまだ続く。関東一円の朕グループを一代で造り、林公徳《はやしこうとく》に帝王学を教えた。更に、戦後処理から本復興をして九頭会の総帥になる。前世は徳川幕府を陰から支えた天海の生まれかわりと言われている。更に、エリンギ愛の過去世において、地球に飛来した時の宇宙船の艦長だったとも言われている。京都の葵祭りを陰から仕切る……裏天皇こと大泉太志命の側近である。若い頃は、ヤクザや相撲取と喧嘩して、暴れん坊将軍と呼ばれていた。

エリンギ愛は不思議に思っていた。なぜこのような方々と関わりが持てたのか。過去世の因縁だったのだろうか。そう思ったことも何度かあった。そんな疑問が氷解したような気持ちになった。

そして、新たな疑問が浮かんだ。「わたしはどこから来たのだろうか?」その答えを探す旅がもう既に始まっていることは、この時の愛にはわからなかった。

月山

エリンギ愛一行は、次なる場所に移動することにした。山形県の月山である。寅蔵の表情が引き締まった。ここからは愛にどう伝えたらいいものかと、心の中で思案していた。

「ここは、太閤が最後に通った道だ」

その意味をはっきりと伝えられたら、どんなに楽かと、般若の寅蔵は考えている。だが、それはこの地下トンネルとその意味合いを知っているものにしか、わからない表現であろう。寅蔵は悩んだ。

結論を出せないまま、一行は山形県月山の地下施設に到着していた。

エリンギ愛が今回の視察の中でも興味を引かれたのは、地下トンネルであった。山形県月山に至る経路は、最初は意味がわからなかった。般若の寅蔵は、「それは太閤が最後に通った道だ」と説明した。不思議に思う愛だった。だが、やがて理解することになるのだ。

日本の地下には、色々な施設があり、秘密組織がうごめいていた。それを統括しているのは将人神風。太閤の義理の兄であった。日本の見えない部分、地下施設も含めて、秦一族の統括下にある。人知れず日本を守っているのは秦一族なのである。

寅蔵はある陰陽師の言葉を思い出していた。人伝えに聞いたので、その正体はわからない。土《つち》御門《みかど》の末裔か、はたまた勘解由小路《かでのこうじ》の流れの方なのか、いずれにせよ鴨族に間違いはないだろう。その言葉とは、「平安は庶民の特権である」といったものである。この地下インフラを見て思うのは、知ることは時として、幸せから離れるということである。情報はできる限り集めたほうがいい。表の世界でのビジネスの基本である。しかし、知りすぎたら……。

「耐えられんヤツもでるだろうな」

寅蔵は心の中でつぶやいた。

月山の地下施設の視察も、一通り終わったかのようにみえた。

「最後はここか」

般若の寅蔵がつぶやいた。巨大な扉の向こう側が、今回の視察の最後となる場所だった。また、地下施設をすべてまわった訳ではない。他の日程でもおこなう手筈になっている。今回の視察で、月山を最後にしたのには理由があったのだ。寅蔵は心の中で反芻した。ここから太閤が月に旅立っていった。この扉の向こうには、星間連絡網がある。通称、スターゲートという。原子レベルに分解された物質や肉体は、到着先のゲートで再生される。どのようにエリンギ愛に説明しようか、寅蔵はまだ決めかねていた。

寅蔵の心が定まらぬうちに、巨大な扉が開かれた。

巨大扉の向こうには、見たことがない設備があった。エリンギ愛は静かだった。言葉を発してはいない。だが、寅蔵には何かが聞こえたような気がした。エリンギ愛の横顔を眺めながら、耳の奥の残響を確認していた。愛には、この施設の意味合いがわからなかった。だが、今まで見たことがないものということは確かであった。左右を見渡すと、再び視線を正面に戻した。

「待つのもよかろう」

般若の寅蔵は、心の中でそう考えた。エリンギ愛からの言葉を待つことにしたのだ。だが、寅蔵が待つことはなかった。なぜなら、ふたり同時に言葉を発したからだ。

突然、スターゲートが作動したのだ。驚くふたりを随行員が守った。エリンギ愛は、目を見開いて、その光景を見守っている。寅蔵も突然のことに動揺した。スターゲートが作動したということは、月から誰かが来たということである。そこまでは理解できたが、誰が来るのかまでは、予測がつかなかった。スターゲートの動作音が静かになった。扉が開き、中から人がでてきた。

寅蔵と愛のふたりは、それをじっと見守った。中から出てきたのは、太閤一誠であった。

太閤一誠は驚いた。エリンギ愛がそこにいたからだ。般若の寅蔵の出迎えは予想していたが、愛の存在は予想外であった。扉から一歩踏み出した太閤一誠を見て、エリンギ愛と般若の寅蔵は同時に声をあげたのだった。

あまりに不意のことだった。愛は、太閤に声をかける機会を失った。心の準備ができていないままの再会に戸惑った。つい出てしまったのは、太閤を直視できない心の声だった。太閤を直視できず斜め下に顔を背けた愛を般若の寅蔵は横目で見ながら、太閤に近づいた。

「一体どうした？」

寅蔵は、太閤に問いかけた。太閤の説明はこうである。月に連絡があり、寅蔵の身が危ないという噂を聞いたのだ。その対策のために、わざわざ戻ってきたというのだ。それと同時に、ある人物の案内も兼ねていた。ある人物？　寅蔵は怪訝に思ったが、その人物が太閤の背後から現れた。

寅蔵は、その顔をみてはっとした。その心の動きを自分で察した寅蔵は、表情を戻した。「いや、なんとも」、その時の寅蔵はそう思ったらしい。それと同時に、ある疑念も心に浮かんだ。太閤の背後から現れた人物とは、晞宝館大学院の白峰博士であった。

寅蔵は白峰博士とは初対面になる。お互い知っていそうな間柄ではあるのだが、この時が初対面と相成った。白峰博士の所属する晞宝館大学院は、太閤一誠が設立した学術研究施設である。その運営のために、般若の寅蔵は労を尽くした。施設の要員の半数以上は、寅蔵配下のものが手配している。当然、研究者の招聘にも関わっている。だが、寅蔵はけっして表には出なかった。後進の育成も兼ねて、手下にまかせていたのである。その成果はあり、寅蔵の大阪の会社組織や社団法人をはじめとした団体、それに太閤のビジネスに関する要員は、期待通りに育ってきている。

「この人が白峰博士か」

初対面の般若の寅蔵は、先ほどの驚きを胸にしまうと、冷静に博士を観察し始めた。そのせいか、エリンギ愛に関することは、頭の隅に置くに留まった。軽く会釈をする白峰博士を、ただ見つめるばかりであった。

一方の太閤一誠とエリンギ愛の間にも重い空気が流れていた。お互い一言も発しなかった。大きく息を吸った太閤一誠は、般若の寅蔵の方を向いた。そして、白峰博士を案内して欲しい旨を告げた。寅蔵はうなずくと白峰博士を伴って、スターゲートの外に出て行った。随行員も何名かいる。それを太閤は眼で追っていたが、エリンギ愛は、相変わらず太閤から目をそむけたまま、無言でいる。

随行員のひとりが、エリンギ愛に近づいた。いつも仕えている執事である。愛の前で一礼すると、ショールを渡した。スターゲート内は意外に寒かった。冷えを気にした執事は、エリンギ愛に体を温めますようにと、心遣いを示し、同時に、太閤と御話しなさいませというメッセージも込めていた。戸惑う愛の前で、執事は暖かな笑顔を見せながら、控えていた。それを見ながら、寅蔵は、良い機会になるかもしれないと思っていた。白峰博士の依頼を聞いた寅蔵は、随行員2名に指示を出して、再びスターゲートの中に戻ってきていた。一歩一歩、近づくにつれて、変化していく愛の表情を見ながら。

先に話しかけようとしたのは、エリンギ愛だった。かすれるような小さな声で「お父様」と言い出す瞬間だった。太閤の声がそれにかぶった。軽くため息をついた太閤は、苦笑しながら話し始めた。太閤の話は、まるで演説のようだった。ここにいる全員に聞かせるためのものに聞こえた。寅蔵は内心苦笑した。太閤の照れを見取ったからである。最後まで頑固な男である。そして、自分というものを貫いている。長く生きてきたが、太閤のような魅力的な男は珍しい。それゆえに秦一族が目をかけ、この国の礎のひとつとしてはぐくみ、立身出世を支えてきた。そして、次なる使命のために月に向かった。それはこの男の天命でもあり、本分でもあり、好奇心からくる行動力でもあったのだ。寅蔵は、太閤の人生を総括しながら、その演説を聞いていた。

太閤の話が終わると、エリンギ愛が一瞬のためらいをみせた。このためらいで、話しかけるタイミングを逸したことになる。太閤は、般若の寅蔵の方を向いた。そして、一、二、三の案件を頼むと伝えると、後ろを振り返り、再びスターゲートの中に入っていった。寅蔵がうなずくかうなずかないかの内に向き直り、早足で中に入って行ったのだ。寅蔵はただ、太閤の後姿を見つめるだけだった。ゲートが閉じる間の一瞬だけ、太閤は再び後ろを振り返った。この時、寅蔵は初めて、戸惑うエリンギ愛の姿を確認した。愛がなにか伝えたがっていることだけはわかった。だが、太閤は愛を制するように、みなに向かって言葉を告げた。

「大儀に生き、恋をして、小説を書きなさい」

そう言い終わると、スターゲートの入り口は閉じられた。スターゲートの稼動音があたりに響き渡った。般若の寅蔵は苦笑していた。なんと間の悪いことだろうか。エリンギ愛が、初めて太閤一誠を父親と呼ぼうとしたのだ。太閤は決してせっかちな男ではない。ただ、合理的な部分は徹底している。今回の所作も一切の無駄がなかった。親子の名乗りは持ち越しになった。

「またの機会を待つとしようか」

般若の寅蔵は、心の中でそうつぶやいた。だが、太閤一誠とエリンギ愛の出会いは、これが最後となるのだった。この時は、寅蔵もそのことは知らぬ身であった。今生の別れがこのような形で終わるとは、この場にいる人間は誰一人思わなかったであろう。

第二幕　月光伝説

月面

月面には、人類が作った基地が存在していた。もちろん、公にはされていない。

「月の裏側にも、色々あるんです」

太閤の後ろから声が聞こえた。白峰博士であった。２０１２年７月末日、明治天皇百年祭の最終日に、生前葬をおこなった人物だ。それ以来行方不明となっている。

なぜ白峰博士は、死んだふりをして月に移住したか。その答えは月の資源にあった。つまりこういうことである。月の資源を使うと、地球全ての電力補給が数千年出来る計算になるのだ。ヘリウム３という元素がある。これにより放射線を一切出さないで、原子力発電の開発ができる。

「そうなれば素晴らしい話です」

白峰博士は語った。晞宝館大学院時代は、海水からのエネルギー抽出で多大なる成果をあげた。太閤一誠も世界大統領時代に、その成果の恩恵に預かっている。そういう意味でも恩師にあたる存在なのだ。

世界政府は学術研究にも力を入れていた。晞宝館大学院を設立した太閤一誠ならではの政策である。スイスの素粒子研究所でブラックホールを造る実験をおこなっていた。だが、粒子加速装着は、地球の時空を歪め、更に世界中に穴を開けた。そのため、研究は中止され、新たにレアメタル改革に政策が切り替わった。そして、月を目指すが、月は既に、先住民とシリウスの末裔が支配していた。だから、日本の海洋資源海底調査中に、月からの隕石と同じ物質が海底から引き上げられたのだ。研究者はみな、地球と月が双子の関係であることを突き止めたが、日本は、イルミナティやアメリカ政府の許可無しでは、宇宙開発はできなかった。

太閤一誠は、改めてこれまでの現代史を振り返ってみた。自分が歴史好きなのも、現代を理解するための神の見えざる采配だと思っている。もちろん、現代だけではなく、未来を理解するためにも。太閤一誠は、改めて、白峰博士に感謝の意を伝えた。太閤が月に来たのは、白峰博士の論文を読んだからであった。

白峰論文

白峰博士の論文によると、イスラエルの死海文書から衝撃的な内容が発見されたとある。それには、月の裏側に地球人類のDNAを操作した場所があったことが記載されていたということだ。太閤は、白峰博士とそれについて語り合った。青い地球を眺めながら。

「つまり、宇宙存在がいると」

太閤一誠は、白峰博士に語りかけ、博士は黙って頷いた。月面上にそのような施設があるということは、宇宙存在により遺伝子操作がなされたとしか考えられなかった。そのような伝承がシュメール文明にあったことも、太閤は知っていた。何もないところに伝承は生まれない。これまでの晞宝館大学院の歴史学の新主流派は、そのような考え方を自然とするところがある。新歴史学と評価された晞宝館大学院の歴史学は、考古学や民間伝承なども含めた総合歴史学である。これまでの文献史学と違い、考古学の実地証拠と民間伝承などとをすり合わせて、論証をするところに特徴がある。文献史学にありがちな、学者の狭量な推定とは異なる。

「あれは学者の作文でしたから」

太閤は苦笑しながら答えた。かつて、文献史学を評した言葉である。太閤は、既に次の段階に入っていた。その文献の内容を確認したいがために月に向かったのだ。世界大統領を勇退してからは、関心はもっぱら地球の外に向いていた。キングソロモンの再来といわれた自身が、キングソロモンのタルシシ船団が外洋に出るが如く、地球の外、つまり宇宙に飛び出そうとしていた。かつて、ソロモンが日本に向かったのも、日本の正体を知っていたからである。宇宙の正体についてはまだ不確定な部分はあるにせよ、その正体を知ったら外に飛び出していくという、胸の内側から煮えたぎるエネルギーが、太閤を突き動かしていた。

ソリトンの鍵

白峰博士が目をつけたのは、ソリトン素子である。博士が月に来た目的のひとつは、月の裏側にあるソリトン素子を研究するためだった。博士は、これはUFOの飛行原理と関係があるという仮説を立てていた。実際に月に来てみたものの、月の裏側は、いまや色々なものがいるということを初めて知ったのだ。それは、世界大統領でもあった太閤一誠にも手が出せない世界であった。

太閤は苦笑するしかなかった。太閤一誠といっても万能ではない。世界大統領ではあるが、それも裏側の、見えない世界の方々に支えられてトップになっただけである。なったというよりは、据え置かれたという表現が正しいであろう。ここまでこられたのも、日本の秘密結社ヤタガラスに支援されたことが大きい。それを自覚しているからこそ、苦笑するしかなかったのだ。

地球上であっても、手を出せない部分がある。そして、彼らは裏の交渉をおこなって、説得しなければならない存在である。それを怠れば、世界大統領といえどもナニもできなくなる。ましてやここは月だ。世界大統領の威光など、宇宙に出てみれば何の役にも立たないかもしれない。そう思うと、冷静に自分の立ち位置を見つめなおすことになる。

太閤は、月の裏側についても、まずは調べようという気持ちになっていた。既にその手配はしている。ここからは、少年時代からの好奇心の方が強かった。白峰博士との会話も、ディスカッションというよりは、一方的な質問という感じであった。

邪魔者

どんよりとした雰囲気が漂っていた。空は晴れ渡っている。だが、雪が積もった風景は、観光地としては秀逸であろうが、そこに住まう人間にとっては暗い気持ちになる時もあるだろう。ここスイスは、まだ雪景色が見られる季節であった。

論議は相変わらず進行しない。集まった人々の焦りがみられる。意見の一致はみられるのだが、最後のところでかみ合わない。そんな論議が続き、停滞したのだ。

ここスイスには、イルミナティの地下都市が存在する。巨大な素粒子研究施設が存在するのもスイスである。これは偶然であろうか？　彼らの科学技術の追求は並みの情熱ではない。現に今回の議題も科学技術の最先端をいっているといっても過言ではなかろう。議題は、ずばり火星移住計画である。このためのスターゲートなどの科学研究技術に大金を投入している。お金の出所は、スイスの銀行組織である。

元々、スイスの金融は、マルタ騎士団の流れを汲んでいるといわれる。中世のテンプル騎士団の流れだ。銀行システムの発祥は、十字軍遠征に伴う黄金の輸送だといわれる。ヨーロッパで預かった黄金と同じものを中東エルサレムで渡す。そのための証券発行が、テンプル騎士団の業務のひとつでもあった。その騎士団の拠点があるマルタ島は、裏ではスイスとつながっている。マルタ騎士団が、国連でも国と同じ独立団体として扱われているのは、そのあたりの背景があるからかもしれない。特例ともいえるその措置は、国家としての形態とは異なる存在を暗に示しているのかもしれない。

銀行組織を発展させ、お金を得る仕組みは作った。次はそれを運用して増やす役割である。それがスイスの銀行組織であろう。元々はプライベートバンクの集合体であったようだ。スイス銀行という名称は、スイスに登録してある銀行の総称というわけである。これらは、銀行家というよりは、ばくち打ちのような一面を持つ。顧客から預かったお金を運用して巨額な富を得るからだ。それで膨らんだ財産を各自が再投資する。フリーメーソンは、ハリウッド映画の80%の作品に関わっているといわれている。それらの資金の出所はどこか？　スイスの銀行組織が運用していると推定される。

そんな金融大国スイスの裏側に、イルミナティの地下都市は存在する。ここでは、将来の地球環境についての議論と研究がなされている。その結果は、地球は現状の人口増加では、耐えられないということだ。

彼らが考えたことはふたつある。ひとつは、人口を削減する計画だ。世間で言われている新型ウイルスや不治の病、それに遺伝子組み換え食品。そして、ワクチンの名を借りた害毒。これらを投入することにより、人口削減を狙っている。

もうひとつは、地球脱出である。彼らは、金融工学により得た富を使い、科学技術を発展させてきた。その技術を使った宇宙空間、他の惑星への移住計画も、人口削減計画と同時に、おこなわれている。

そんな中でひとつだけ障害があった。世界大統領太閤一誠の存在である。彼の興味が宇宙に向いていることは、知る人ぞ知る情報であったが、イルミナティの情報網は確実にその事実を捉えていた。彼らにとっては、太閤が地球を脱出するのは目障りであった。そのことで一般大衆の目が宇宙に向くことは避けたかった。

太閤の背後には、日本の秘密結社が介在していることも知っている。日本の真の実力を知る欧州の王侯貴族にとっては、その実力を発揮されては困る人間が多いのだ。王侯貴族のほとんどがイルミナティのメンバーである。西洋史、この場合は世界史といってもいいだろう、その支配階級は、ほぼイルミナティのメンバーである。イルミナティとは、光の存在という意味である。古代からその意味合いを知っているメンバー、つまり支配者階級の秘密結社なのである。

彼らにとっては、日本の裏側の組織が、つまり、すべてを知っている存在がサポートする存在、つまり、太閤一誠は邪魔でしかなかった。彼をどう扱うかを議論すると、いつも停滞する。取り込むわけにもいかず、背後関係を考えると極端な手段をとるわけにはいかず、といった具合である。

スイスの地下都市は、地上に積もった雪の寒さをひしひしと感じる状況である。停滞した議論が、それを更に進めているように感じる。当面は、監視衛星によるチェックを怠らないように配慮はしている。打ち上げはアメリカがおこなった衛星であるが、管理運用は、イルミナティがおこなっている。アメリカ国内のイルミナティ組織が、アメリカの政府組織などにエージェントを送り込み、支配していたのだ。現在、アメリカ合衆国は、自然災害と対外負債により、崩壊してしまった。そのため、アメリカ合衆国の軍事、諜報機関の設備は、スイスのイルミナティが直接、管理運用にタッチしている。その監視衛星からの報告では、異常は一切なかった。日本から宇宙空間に飛び出した物体は存在していない。

議論は結論がでないまま、お開きになった。主要幹部は、別の部屋に集まり、別の会合を持った。集まった12名は、静かに時を待っている。円卓のテーブルの中央に誰も座っていない椅子が置いてある。12名はじっと、その椅子を見つめている。どの位の時間が経過しただろうか、その椅子の上に半透明な青白い物体が現れた。彼らは、それをエンティティと呼んでいる。その物体は、意識を持っており、参加者全員に、話しかけた。参加者達は全員、神妙に聞き入っている。

エンティティの青白い光は段々と薄くなっていった。参加者の多くは、深く呼吸をした。会合は終わったのだった。エンティティからの指令は、次のようだった。ひとつは、火星移住計画を実行することだった。試験段階ではない。実施段階の実行である。もうひとつ、太閤一誠対策については、相手側と交渉することを示唆された。そのためにどのようなことを考え、実行するかは主要幹部の宿題であった。彼らはそれで、頭を悩ませていた。

月の裏側

月の裏側には様々なものがある。先住民や他の惑星からの移住者など、観測宇宙船からの写真として発表してはまずいものがたくさん存在する。従って、宇宙政策を事実上、独裁していたアメリカでは、観測写真の修整をおこなっていた。本物の情報は、カリフォルニアにある裏NASAと云われるJPL（Jet Promotion Laboratry）が握っており、そこで情報分析もおこなわれている。

月面ナチスもその色々あるもののうちのひとつだ。ナチスが、その当時としては、最先端の科学技術をもっていたことは有名だ。今日では、そのナチスの技術を用いて、アメリカ軍がUFOを開発していたことも知られてきた。世に言うアダムスキー型の円盤である。ドイツ名ハウニブーがその原型である。第二次大戦後にその技術を得たアメリカが引き続き開発を進めたのである。ナチスの残党は、そのまま世界各国に逃げた格好となった。中でも南米は副総統であった人物が逃げ込んだ土地で、そこには地下につながるトンネルがあったといわれている。そしてその地下の存在とは？

そもそもドイツの科学力についての疑念が存在する。第一次世界大戦で敗北し、巨額の賠償金支払いを抱えたドイツは、いわゆるハイパーインフレになっていた。そのような社会情勢において、科学技術にお金を使えたのであろうか？　科学技術とは、要するに研究者の質である。その研究者を育成するのは、教育である。幅広く万人から才能を集い、それらを競い合わせて、質の良い研究者を選抜することが質の向上につながる。それだけの教育コストを、損害賠償に苦しむ敗戦国が捻出できたであろうか？　それに加え、研究とは仮説の証明でもある。それはすなわち予算の問題とつながる。考えただけではだめで、それを実験で検証する必要がある。実験に必要な資材や要員は、要するに予算がなければ用意できないのである。つまり、ここでもお金の問題に直面する。巨額な損害賠償に苦しむ国にそんな余裕があっただろうか？

ここにひとつの面白い仮説が存在する。シャンバラである。ヒトラーのチベット信仰は有名で、実際に、グルガ兵というチベット人部隊も存在した。シャンバラ、すなわち地底存在の持つ科学技術が、ナチスドイツの支えのひとつではなかったかというものだ。それには、日本の秘密結社が関わっているという噂も存在する。

どういった経緯でナチスが、分不相応ともいえる科学技術を得られたのかは定かではない。だが、結果として、ロケット、ジェット機だけではなく、UFOを製造していたようだ。そのUFOを使い、月面に向かった連中もいた。UFO用の資源の採掘のためでもある。その連中が月面ナチスとして、月の裏側で睨みを効かせているのである。

睨みを効かせることができた理由のひとつが、失われた月の子孫である。以前、存在していた月が破壊され、そこにいた子孫が、現在ある月に移り住んだのだ。その中には、月の王家の人々もいたのである。

月の秘密

そこには、ひとりの少年の存在があった。失われた月の末裔、月のプリンスである。彼の名前は凪沙《なぎさ》カヲルといった。現在は、月面ナチスに保護されている。彼が語る月の歴史は、我々が知る常識とは異なっていた。古来、月は3つあった。そのうちの1つはあることが原因で破壊された。もう存在しないのである。あることとは、宇宙規模の天変地異といったらよいだろうか？惑星や彗星の接近で破壊されたようなのである。もう1つの月は、地球の周りを周回する月、あと1つは……隠された月が存在するのである。

凪沙カヲルの話を聞いてみよう。彼曰く、その2つの月とは物質としての月と霊体としての月ということだ。「朋」という漢字がある。月がふたつ並んでいる。これは物質、霊体、それぞれの月を表していると彼は云う。それゆえ「朋《とも》」であると。霊体としての月は、死者の魂が帰る場所。それゆえ、実体がない。いや、あるけどないといった方が正解かもしれない。月にはそれぞれ、プリンス、プリンセスが存在する。凪沙カヲルは予言のようにそう語ったのだ。

帰還

太閤一誠は、相変わらず、白峰博士との議論に夢中であった。彼が本来持つ好奇心旺盛なところが、如実に出た結果であった。自然と側近は、ふたりから距離を置いた。議論の邪魔にはなりたくなかったからである。だがひとりの側近が太閤一誠に近づいた。失礼のない態度で、太閤にメモを渡した。それを一瞥した太閤は、眉を動かした。書かれてある内容を考えれば、その自己抑止力は評価に値するだろう。白峰博士もその内容が気になった。明らかに太閤は、感情を抑えていると見受けられたからである。

「般若の寅蔵、行方不明」

それが、側近からもらったメモの内容であった。太閤はこの報を聞き、急遽地球に戻ることにした。

突然のことに、側近達は慌てた。太閤の周りは慌しくなった。ぽつりとひとり取り残された感がある白峰博士だった。だが、白峰博士もあるメッセージを受け取り、やや困った表情で考え事をしていた。

太閤が、白峰博士を訪れたのは、1時間ほど経ってからだった。ようやくすべての準備が整い、白峰博士にお別れの挨拶をしにきたのだった。だが、太閤は意外な言葉を聞くことになる。

「わしも連れて行って欲しい」

白峰博士は、太閤にこう頼んだのであった。

監視

地球の衛星軌道上には、無数の衛星が存在している。秘密結社イルミナティの支配する衛星もそれに含まれている。日本の実力を恐れる彼らは、日本から宇宙空間への行き来を衛星で監視していた。だが、太閤と白峰博士の帰還は、衛星はキャッチできなかった。一体、ナニが起こったのか……謎は深まるばかりだ。

小笠原上空

もうすぐ到着するという機長のアナウンスを聞いて、ようやくかという思いがこみ上げてきた。機上の人となってからは、色々なことを考えていた。白峰博士は、小笠原諸島に向かっている。米軍のオスプレイに乗り換えたのはつい先ほどのことだったように思われる。白峰博士は、太閤一誠とともに地球に戻ってきた。月からは、宇宙船ではなく、スターゲート経由で戻ってきたのだ。山形県月山にあるスターゲートは、月と直接つながっている。太閤とともに戻ってきた白峰博士は、そこでひとりの女性に出会うこととなった。エリンギ愛である。

般若の寅蔵の無事を確認した太閤は、既に月に戻っている。般若の寅蔵に案内されて、スターゲート施設の外に出た白峰博士は、小笠原諸島に大至急向かいたい旨を、寅蔵に伝えた。寅蔵は、側近に指示をだし、米軍所属のオスプレイを手配した。

小笠原の父島が見えてきた。着陸地点を確認すると、白峰博士は安堵した。ようやく窮屈な衣装から解放されるからである。オスプレイが通常航行モードから、ホバーリングモードに切り替わった。通常は航空機のようにプロペラを水平方向に向けている。だが、ヘリコプターのように垂直に可変できるため、ホバーリングして着陸できるのだ。

着陸したオスプレイの中から、軍服姿の白峰博士が降りてきた。登場にあたり、着替えを催促されたのだ。

「オスプレイでコスプレイか」

白峰博士がつぶやいた。着陸地点には、ひとりの少女が出迎えていた。15歳の少女、樹里である。彼女は、白峰博士が所有する民宿で働く女の子である。普段からあまり表情を変えることはない。久々の博士との再会も、「先生お帰りなさい」とあっさりと済ませた。

樹里は、博士の荷物を背負うと、空いている手で白峰博士の手を握り、ふたりで並んで歩き出した。この光景を見た人々は、口々に白峰博士ロリコン説を唱えたのだった。樹里は、民宿のエアコンを入れ替えたことを報告した。最新式のプラズマ清浄機能付のエアコンである。エアコンとロリコンの物語である。

解毒

民宿に戻ったふたりが目にしたのが、緑色の液体だった。風呂場で解毒して出た汗が、床に落ちたようだ。風呂場で解毒していたのは、原三石教授であった。彼は、白峰博士を頼り、病院を抜け出して小笠原に来ていた。

「ご無沙汰しております」

原三石教授は、白峰博士に挨拶をした。

ことの起こりは、藤岡山アジア大統領からの依頼であった。依頼は、オペレーション・トラジと呼ばれる作戦への参加であった。藤岡山アジア大統領と盟友であった白峰博士は、この依頼を快諾した。そして、助手として、後輩の原三石教授を推薦したのだ。この作戦は、極秘裏に遂行され、成功を収めたのだったが、ある組織から恨みを買うことになった。

そのことも重なり、白峰博士は第一線を退いた。海水からのフリーエネルギーでノーベル平和賞も貰ったし、ここらあたりが潮時と思ったようだ。晞宝館大学院の創立者でもある太閤一誠に依頼し、日本独自のエネルギーシステム「NAKAIMA」を樹立しようと試みたのだが、国際アカデミーから除名されてしまったのだ。ちょうどその時に購入したのが、小笠原諸島の民宿であった。引退後は気楽な人生を楽しもうと思い購入したそうだ。

原三石教授も第一線を退き、東大大学院教授から日本海洋研究所に異動になっていた。オペレーション・トラジに参加したことで、身の危険を感じるようになったことが原因と本人は述べている。真実は、普段の言動とアル中による酒乱が原因だと、関係者は証言している。

原三石教授は、海洋研究の第一人者で、かつて白峰博士と小笠原の海底調査に訪れていたことがある。今回はその時以来の小笠原である。

「毎日酒びたりですよ」

風呂から上がった原三石は、白峰博士に話しかけた。アルコール超伝導理論を実践する彼らは、酒で体内を消毒し、汗で解毒することを知っていた。緑色の汗は、体内からでた毒素なのである。

「昔は、宿便がでた時しか、緑色の排出物はみたことがなかったんですが」

そういうと、酒代わりに水を一杯飲み干した。

そっくりさん

原三石教授の話は続いた。彼は、ゴールデン街で親友の船瀬と呑んでいた時に、白峰博士とそっくりのたい焼き屋のおやじを見たそうだ。それで、今回の件を白峰博士に相談することを決心した。相談の手紙は、白峰博士の著作をいくつか出版している明窓寺グループ経由で送ってもらうことにした。その直後に毒殺されかけた。原三石は、病院に搬送されるも、再度の暗殺を恐れ、病院を抜け出し、小笠原に逃げてきたのだ。

白峰博士の消息は、明窓寺グループを通じて、親友の船瀬に知らされた。病院のベッドの上で、その連絡先を聞いた原三石教授は、船瀬に頼み、この小笠原の民宿にコンタクトをとってもらい、夜病院を抜け出し、そのまま船で小笠原に向かった。

病院のベッドの上には、白峰論文が散乱していた。その様子をみた看護師が、担当医に告げたことで逃走が明るみに出た。その白峰論文をみた日本医師会副会長の岩田医師は、そこから白峰論文の研究に取り憑かれていく。そして、その検証の旅路を、親友の縄田とともにすることになるのである。

小笠原海溝

白峰博士と原三石教授は、かつて小笠原の海底を調査していた時期があった。日本海洋研究所が所有する海底調査船ウラシマに乗りながら、海底探索をしていた。この船は、原子力ではなく、ブラウンガスを使って稼動する世界最先端の潜水艦であった。

研究者というものは、得てして他の分野には疎いものである。世間一般のイメージする学術研究の徒の知力が、その時ばかりは一般人と変わらないレベルになる。そのギャップが世間を驚かすことは多々ある。この場合の原三石教授もそれであった。ブラウンガスがどんなものかを知らなかったので、白峰博士は丁寧に説明を始めた。

ブラウンガスとは、その名の通りに茶色の気体である。化学記号はHHOと書く。勘のいい方はわかったかもしれないが、水の化学記号であるH_2Oとかかわりがある。水の分子は、H_2Oという状態で結合しているが、ブラウンガスは水素と酸素が結合していない、いわゆるイオン状になっている。この状態の水は、なんと燃えるのである。それによりエネルギーとして使える。

潜水艦の動力の熱源を感知することで位置を調べることができる。現在は、監視衛星がその役割を担っている。その対策として、この海底調査船ウラシマは、ブラウンガスを使っている。だが、原三石教授は、動力源の理屈まではわかったが、なぜ人工衛星対策をしているかまでは、この時はまだわからなかった。

後にわかったことであるが、小笠原海底には、ヤタガラス先鋭潜水艦艦隊が配備されていた。彼らは、沈黙の艦隊と呼ばれている。どこの国に所属することもなく、ミッションを遂行している。彼らの担当は、小笠原の海底に眠る海底資源を守ることであった。

オペレーション・トラジ

再び、舞台は小笠原の民宿に戻る。白峰博士所有の民宿トトロでは、ささやかな宴がおこなわれていた。仕事の後の一杯は格別においしい。原三石教授は、小笠原のこの民宿で療養をしながら、白峰博士の手伝いをすることになった。彼の日課は、昼間の仕事と半身浴、それに昼から酒を飲むことだった。飲酒と半身浴で、毒を体から出していた。相変わらず緑色の汗をかいている。体も大分痩せてきた。この日は思い出話に花が咲いた。

その頃の世界情勢は厳しいものがあった。アフリカでは食糧危機が起こり、中国では、砂漠化が問題となり、暴動も多発した。アメリカでは失業率が上昇し、ロシアでは、再びソビエトを目指した革命が起き、ヨーロッパでは金融危機の引き金が再び引かれることになった。日本でもフリーターが800万人を超す勢いになった。日本人は働かなくなった。いや、働けなくなったのだ。その中で、水だけを飲んで生きる人間が登場した。主に若者層である50万人は酒と水だけで生きていた。

その頃、日本政府内に日本再生会議が新設された。議題は次の5つである。

1. 食の安全と自給率上昇
2. 自衛隊の軍隊への移行（憲法改正）

3. 日本円の国際金融基本機軸
4. 少子化対策（子供はすべて国で面倒をみる）
5. 宇宙開発（フリーエネルギーとレアメタル）
だが、不思議なことに宇宙開発だけは、日本本土ではなく、沖縄米軍基地内で行われていた。

実は、宇宙開発連合というものが存在した。アメリカ、日本、ロシア、EUが共同参加している。

この団体が、沖縄に施設を作ったのだ。彼らの目的は、表向きには2つであった。
1. ブラウンガスの衛星ロケット製造、運行計画。それにはソーラーシステムが搭載されている。
2. 人類火星移住計画。

彼らはこの段階で、太陽フレアーと太陽異変に気づいていたのだった。宇宙開発連合の代表は、アメリカの国務長官だったオリジン・ライスが勤め、日本側は池田弘明国連大使が参加していた。

世界は、更に深刻な事態になってきた。アラスカではマイナス65度の大寒波、その後シベリアで停電がおこった。アフリカの熱波は52度まで上昇し、地中海の海水が蒸発する事態が起きた。

日本と沖縄の海洋では巨大な渦巻きが起こり、米軍の艦隊が飲み込まれた。その後、四国鳴門のうずしおが消えていった。

オーストラリアでは大洪水が起こり、羊が太陽光線で失明していった。ニュージーランドは水没の危機に瀕している。アメリカではミツバチが全滅し、全米で犯罪事件が急増した。その後、ブラジルでは蜘蛛が全滅した。すべて太陽フレアーが原因であった。

中国では、日照りで国土の45%が砂漠化していき、食料自給率はマイナス60%に達した。

日本では、次のような事態になった。

1．海洋、海底の流れが変化したことによる魚の不漁。

2．春夏秋冬の四季がなくなり、夏と冬だけになった。夏は45度、冬はマイナス20度の世界である。

3．日本中の温泉の変色、米が三年連続で不作であった。

オペレーション・トラジとは、この3つの事案への対策であった。対策チームでは白峰博士が音頭をとり、各分野の専門家を招集した。原三石教授は、日本海洋研究所に出向という形で、この対策チームに参加し、オペレーション終了後は、身の危険を感じ、そのまま日本海洋研究所にとどまったのであった。

宇宙戦艦まほろば

小笠原の生活にも大分慣れてきた、原三石教授はそう思い始めた。慣れない仕事にも大分慣れてきた、そんなある日だった。白峰博士に連れられて、海洋にでて、ご近所の漁船を借りて、ある場所に向かっていた。

「博士はなんでもできる人だなぁ」

と操船する白峰博士をみながら、原三石教授は思った。博士が向かった先は、地図には載っていない島であった。ふたりは探検家のように地下洞窟を降りていったのだった。

そこにあったのは、白峰博士が密かに建造していた宇宙戦艦まほろばだった。

「これならば、太陽系ならどこでも行けるから」

白峰博士の言葉に、原三石教授は驚いた。それと同時に疑問も感じた。

「なんで太陽系なら、とつくんだろ。宇宙ならばどこでも同じじゃないの?」

彼もいずれ、その答えを知ることになるだろう。

この宇宙戦艦は、世界政府の要人からの贈り物である。世界政府、ウイングメーカーの人間である。世界政府も一枚岩ではない。スイスの地下都市にいるイルミナティのように反目する立場の者もいれば、協力者もいる。善悪、光と闇、単純に二分できるものではないのだ。

「明日これに乗って、月にいってくれ」

白峰博士は、軽く言いはなった。まるで近所でタバコを買ってきてくれというトーンだ。原三石教授は一瞬なんのことかわからなかった。事の重大さに気づいたのは、白峰博士の説明を聞いた後だった。自分が死んだことにして、月に移動しろということだ。暗殺未遂にまであった身である。追っ手が来ないところまで逃げろという白峰博士の配慮である。

レムリア大陸

翌日、ふたりは朝から釣りに出かけた。普段と変わらない様子である。いよいよ今日ですねとだけ、原三石教授は、白峰博士に伝えた。ふたりは釣りをしながら、世間話をしていた。その時、遠くに人影がみえた。樹里である。白峰博士の所有する民宿で働く15歳の少女だ。樹里に気がついた原三石は、立ち上がろうとした。すると白峰博士がそれを制した。

「わたしが行くから」

そういうと白峰博士は、駆け足で樹里の方に向かった。原三石は無言で見つめていた。

原三石の胸の中で腑に落ちない点がいくつかある。白峰博士のことだ。そもそも毎晩のように飲んでいた白峰博士が、小笠原に来てからはまったく飲まなくなった。他にもおかしい部分はある。親父ギャグがまったくないなどいくつか不審に思う部分があるのだ。

今のような場面でも、大抵は自分から動くことはない。ナニかが違う。原三石の予想は当たっているようで外れており、外れているようで当たっていた。

釣りを終えた原三石教授は、民宿に戻った。樹里がひとりで台所にいた。釣って来た魚を樹里に渡した。オペレーション・トラジの成果だ。魚が少しだが戻ってきたのだ。左右を見渡すと樹里に尋ねた。

「博士は？」

樹里は知らないと首を振った。一緒だったよねと問いかけたが、朝からひとりで仕事をしていたと言った。

「じゃあ、あれは一体だれだ？」

原三石の胸にまた、新たな疑問が浮かんだ。

その日の晩御飯は、昼間釣った魚だった。家庭菜園でとれた野菜も並んでいる。野菜がどんどんなくなっていった。「白峰博士は、野菜食べなかったよな」そう原三石教授は考えていた。なんか違和感があるなというのがその日一日の感想であった。原三石はその日ばかりは、晩酌を控えた。宇宙戦艦に乗るのに飲酒はまずいだろうと思ったからだ。

食卓では、今までの思い出話に花が咲いた。ちょうどテレビでは、親友の船瀬がコスモトレンディー理論の解説をやっていた。隣にいるニュースキャスターが美人である。船瀬ともう会えなくなると思うとちょっと寂しい気がした。だが、せっかくのご配慮だ。受けないわけにはいくまい。夜のニュースが終わる時間になった。原三石教授は、荷物をまとめて、漁船に乗り込んだ。

「明日の夜明けには地球上にはいないのか」

そう思うと寂寥の思いがした。

夜が明ける手前が一番暗い。その時間を待って、宇宙戦艦まほろばは出航した。昨晩は久々に白峰博士と長話をした。そして、一冊の本を渡された。

タイトルは「地球維新十七条最高法規」という。

そういえば、オペレーション・トラジの際のアジア大統領府での演説はこれを元にしたものだったと思い出した。色々と考えておられたのだなとしみじみと思った。昨晩の話では、これまで知らなかった事実も知った。色々なところで世間を支えてきたということも。

「博士お疲れ様でした。これからは小笠原で隠遁生活をお楽しみください」

そう思いながら、原三石が窓の外を眺めると、そこには白峰博士が乗った漁船があった。わざわざ見送りに来てくれたかと思うと、うれしくなった。

すると水面に異常が見られた。その轟音は宇宙戦艦の中にも伝わってくるぐらいの勢いだった。

原三石教授は、自分の目を疑った。巨大な大陸が太平洋から浮上したのだ。その荒波に白峰博士が乗った漁船が飲み込まれた。

「あっ！　博士！」

原三石教授は叫んだ。白峰博士を飲み込んだ荒波の中から、巨大大陸が浮かび上がってきた。この日は一部だけの浮上であった。この後、この大陸は小笠原からシンガポールにまで達する巨大なものとなった。最終的に上空から確認した段階では、景観は勾玉にそっくりだった。

月面ナチス

新大陸浮上に驚く、原三石教授や宇宙戦艦まほろばの乗組員だったが、更に驚く事態に遭遇した。軍事衛星からの攻撃だった。原三石は、白峰博士のことを悲しむ暇もなく、次の争いに巻き込まれていった。宇宙戦艦まほろばの大気圏突破を妨害する勢力がいたのだ。慌てふためく乗務員であったが、戦闘部隊は冷静だった。攻撃する衛星をただちに特定するとプラズマビーム砲で容赦なく撃ち落した。

指揮をとったのは、藤岡山アジア大統領が送り込んだ、秘書の拳斗健《けんとたける》だった。彼のあだ名は仮面ライターという。由来は、一分間にA4一枚分の文字をタイプできるからである。

彼は、原三石教授の護衛のために、藤岡山が送り込んだ戦闘指揮官であった。

拳斗に礼を述べると、軽く会釈をされた。基本的に無口な男らしい。原三石もそれ以上は話さなかった。任務に忠実な男であり、戦闘時の映像の解析作業にはいっていった。

それよりも、藤岡山に感謝した。実は、藤岡山は、原三石にとって岳父《がくふ》にあたる。妻とは死別している。原因は、妻がアル中になったからだ。子供がなかったために、キッチンドランカーになってしまったようだ。子供ができない原因は、どうやら子宮頸がんのワクチンらしい。あれは子供ができなくなるからやめろと、船瀬から忠告された時には手遅れだった。人一倍健康に気を使っていた妻であったが、子供ができないことを悔やみ、酒におぼれていった。

その事を思い出しながら、岳父に感謝の念を表すしか、原三石にはできなかった。出来の悪い娘婿をここまで面倒みてもらって……と、胸にしみた。

原三石が感傷に浸っている間に、拳斗は藤岡山に報告を行っていた。

「攻撃してきた衛星は、イルミナティのものではありませんでした。すべて中国製です」

拳斗は簡潔に藤岡山に伝え、そして、こう付け加えた。中国製の人工衛星ですが、破片にはナチスの鍵十字マークがあったと。

幽閉

宇宙戦艦まほろばの信号は、イルミナティの監視衛星にキャッチされた。戦闘のシーンもしっかりと写っている。赤じゅうたんがひかれた部屋で、それをみていた般若の寅蔵は苦笑した。寅蔵は今、スイスのイルミナティの地下都市に来ている。太閤の件について、イルミナティ幹部と直接交渉をするためだ。イルミナティの幹部の、般若の寅蔵を問い詰める口調が厳しくなってきた。そして、寅蔵はそのまま幽閉される。

何度かの尋問がおこなわれた。イルミナティとしては、太閤と話し合いたいという意向だ。太閤と話し合い、宇宙に関する件で協定を結びたいようだ。それに対して、寅蔵はこう言い放った。

「既に本体のいるところに向かっている」

寅蔵は、にやりと笑った。その頃、太閤は月のスターゲートから火星にテレポートしていた。そこには、イルミナティが移住をもくろむ地下都市が存在した。太閤は、先行部隊として火星に来ていたイルミナティと、直接交渉をすることにしたのだ。

謎の老婆

太閤も寅蔵も不在のところに、ひとりの老婆が訪ねてきた。彼女の名前は不明だ。通称、神楽坂のオトミと呼ばれている。東京の芸者街である神楽坂に住む政界ご意見番のような存在だ。若い頃には、政治家の秘書を勤めており、その黒皮の手帳は戦後史そのものと云われている。何度か作家やルポライターが手帳を買い求めようとしたが、オトミは軽くあしらったと伝えられている。

オトミは、ふたりの不在を知ると帰ろうとしたが、そこに現れたのはエリンギ愛だった。愛を一瞥するとオトミは、予言めいたことを言い放った。

「そのうち、やたらと求婚されるじゃて」

オトミは、エリンギ愛の正体を見抜いていたのだった。

面談

時を同じくして、もうひとりの人物が太閤に面会を願い出た。白山南竜である。太閤の自伝作成のための取材が目的であり、紹介状は、外交官黒田から貰っている。だが、太閤は不在で、般若の寅蔵も今はスイスに幽閉されており、コンタクトが取れない状態である。事態を憂い、防衛省情報局の松前は、この件も含めて、外交官黒田と相談することにした。

「そういうことであれば……」

黒田には幾つかの試案があった。

探偵

白山南竜は、黒田から紹介された場所に向かった。東京は麹町のオフィス街である。小さなビルの中に、紹介された場所があった。中に人の気配はなく、ドアノブを回しても開かなかった。今日は不在なんだろうと思って、振り向いた時に背後に人影をみた。少し前から南竜のことを観察していたらしい。男の目は笑ってはいなかった。

白山南竜が、男の方に向かおうとした時だった。男は突然、銃を抜いた。驚いた白山南竜だったが、声はでなかった。待てと伝えようとしたが声にはならず、ホールドアップをして戦意はないことを伝えるのが精一杯だった。

それを見た男は、静かに銃を下ろした。ようやく落ち着きを取り戻した白山南竜は、用件を伝えた。自分はある人物の紹介でここに来たこと、そして、ある資料を受け取りにきたことだ。自分の名刺を事務所のドアに挟むと、白山南竜は逃げるようにそこを後にした。

銃をしまった男は、白山南竜の名刺をとると、裏面を確認した。外交官黒田の名前が直筆でかいてあった。それを見るときびすを返し、事務所を後にしたのだった。

この男は、探偵と皆から呼ばれている。昔は、池袋で開業していたが、今はその探偵事務所は、人が使っている。ヒカリというくノ一が顧問となり、かつての同僚達に探偵をやらせていると聞いている。表向きは行方不明であり、実際のところ、東京にはいない。月に数回、こちらにきて、この事務所に寄るだけだ。拠点は博多の中洲に移している。

それにしても不思議なことだ。事務所経費はどこからとなく送られてきており、そして、今回のようにこの事務所の主に関する依頼だと、やはりどこからともなく報酬が送られてくる。

そしてこの銃だ。この事務所の主から貰った銃が、幾度となくメンテナンスされている。現在、使っている銃は、一度交換されている。それも含めて、米軍横田基地の少佐から指示を受けたという要員がすべてを手配してくれる。

「俺も闇にもぐりこんじまったかな〜」

探偵は自嘲気味に言い放った。

探偵が向かった先は、ある女性のところだった。事務所の主とも顔見知りである。彼女の名前は、高松敏子。元有名コンサルタントの秘書で、現在はイベントプロデューサーとして独立している。この事務所の主の資料は、主に彼女が管理している。

探偵は高松と久々の会話を交わし、用件を手短に伝えた。高松は、探偵から白山南竜の名刺を受け取ると、該当資料をその宛先に送った。手際がいいものだ。

「これで終わりね」

高松の確認に、ああとだけ探偵は答えた。お互いの会話は少なかった。高松はあの一件以来、状況がおかしいことに気づいていた。何者かに監視されていることも含めてだ。

「秘密を知ったものは、一生おれに付き合うことになるのだ」と心の中では思っていた。それが高松達の心を沈んだ気持ちにさせた。だが、これらのことは、事務所の主が頼んだことでもあった。

琵琶湖

その事務所の主は、琵琶湖に浮かぶ島に来ていた。年の頃は40代半ばである。この島に住む老人を見舞いに来たのだ。老人は健康を損ねており、療養も兼ねてこの島に来ている。老人の名は、将人神風という。御前会議のメンバーでもあり、忍者統領峰宗賢美《みねそうけんび》の義兄である。日本中の地下組織を束ねる影の存在である。昭和天皇の国師と云われた故人から引き継いだ万柏会《まんしょうかい》を率いている。そのメンバーには、防衛省情報局の松前中佐も含まれる。

40代半ばの男は、つい先ほどまでは、琵琶湖を見下ろす屋敷にいた。太閤一誠が使っていたものである。そして、将人神風に呼ばれたのだった。久しぶりの再会でもあった。この男の名は、齋藤哲《さとし》、死んだはずのジャーナリストであった。元東京地検特捜部検事正、鬼の哲の異名を持ち、鬼哲《おにてつ》と呼ばれている。鬼哲……まるで現代の長谷川平蔵の如き存在であった。ある事件をきっかけに退官して、ジャーナリストに転身した。調査専門のコンサルタントという顔を持っている。

「それほど仲間は大事かね」

将人神風が齋藤に尋ねた。齋藤は「はい」と即答した。

「我々にも同じ思いがある。絆というものだ」と神風は静かに答えた。

琵琶湖の湖上には、遊覧船が見える。その中には、先代の金閣寺があった。金閣寺とは、太閤一誠のビジネスでもっとも成功した、遊覧船カジノの名称だ。先代の船は既に現役を退き、レストランとして、波止場に停めたまま活用している。だが、この日ばかりは、湖上に繰り出していた。そして、その中には、白山南竜の姿があった。ある人物に話を聞くためだ。湖岸からは、外交官黒田と防衛省情報局の松前中佐が、双眼鏡を覗いている。どこまでやってくれるだろうか？
それがふたりの共通した思いであった。

パラレルワールド

イルミナティにより、スイスに幽閉されている寅蔵だったが、ロシア在住のコサックの霊能力者により、エリンギ愛とのテレパシー通信が可能となった。コサックの中にかつて遊牧民として暮らしていた秦一族の血を受け継いだものがいたのだ。そして、あることを愛に伝えるのであった。

それは、２０１２年12月22日に起きたとされることだ。寅蔵は、ある文献を見せられた。そこには、２０１２年12月22日に太魔神が復活したと書かれている。それはパラレルワールドで起きた事態だった。こちらの世界には、そのようなことは起こっていなかった。

寅蔵は、白峰博士に渡された手紙を思い出した。そこには何故アセンションが起こらなかったのかが書かれていた。

アセンション

残された白峰博士のノートには、次のようなことが書かれていた。

「何故……アセンションしなかったか」

人類意識がある一定レベルを超えないと次元上昇は無理だという内容である。そのレベルとは400を超え、777を超えることである。だから、太魔人の復活、即ちガイア~地球自身の目覚めが必要と記されている。地球維新は666の意識エネルギーから、アセンションは777の意識エネルギーから起こるとある。ちなみに、釈迦やキリストは1000レベルの意識エネルギーであり、エネルギーの愛は999の銀河レベルである。妖術と呪術で、日本列島と世界の聖地369ヵ所に封印がかけられた。その封印は、2012年12月23日に解除され、2013年遷宮祭から日本龍体復活と記されている。

双子

「それにしても……」

般若の寅蔵は心の中でつぶやいた。白峰博士のことだ。博士があの人物の身内だとは思わなかった。確かに似ていた。それゆえ、月山地下のスターゲートで初めて会った時は、驚きの表情を見せたのだ。

歌舞伎町ゴールデン街のたい焼き屋台は、白峰博士ではなく、双子の兄であった。彼の正体は、秦一族の忍の統領、忍秦白峰《しのはたはくほう》であったのだ。

弘観大法印、又の名を、忍秦白峰。彼は、祈りで太陽フレアを動かす人物。政界ご意見番、黒皮の手帳、神楽坂オトミの側近で白峰博士と双子であったのだ。

忍には上忍、中忍、下忍とあるが、般若の寅蔵は上忍、山本燗酒は中忍、忍秦白峰は神忍と呼ばれ、実は宇宙担当の科学忍者隊長官であり、通称ウイングメーカーと呼ばれる、未来から地球の進化を守る、銀河パトロールの太陽系総監であるのだ。そして、太魔神、神の軍団の忍なのである。太魔神、サナートクラマは金星飛来の種族、そして、ヤタガラスは太陽の黒点を表すが如く、太陽由来の種族なのである。

鞍馬山ビヨンド

実は、京都鞍馬寺伝説の金星から650万年前に飛来したサナートクラマとは違う存在で、5億年前シリウスから太陽系の創造進化を担当した宇宙存在であり、京都鞍馬寺の魔王伝説とは異なる。いきなりの説法に、白山南竜は困惑していた。先ほど聞いた忍者の違いもまだ理解していなかったからだ。後に知ることになるのだが、忍者の区分は役割の違いによるものなのだ。下忍はいわば工作員、中忍が情報将校、上忍は、政治にも介在し、歴史を作る役割。そして、神忍とは？　疑問を抱えたまま、琵琶湖の湖上にて、話を聞く白山南竜であった。

鞍馬に関する説明は続いた。太魔神と鞍馬寺の魔王伝説は、全く違う。太魔神とは、地球の中に封印された太陽意識、即ち！ 太陽神であり、更に、秦一族と古代天皇家の宇宙起源、秦白星～シリウスである。太陽系と天の銀河を中継するシリウスが、地球の次元上昇、即ち、アセンションのカギであり、魚座から水瓶座への変化、即ち、２０１６年の新しい銀河周期から太陽系が大変革することである。

実は２０１２年のアセンション問題とは、マヤ暦、即ち、月の封印解除であり、人類の肉体遺伝子の封印解除である。

月の女神、即ち、シリウス神遺伝子をもつ最古のシリウスと銀河をつなぐ女神、つまり銀河白山菊理姫の霊系を継承できる月の女神だけが、祈りで、シリウスから太陽に入り地球を創造した太魔神を復活できる。この女神こそが、エリンことエリンギ愛なのである。

力愛不二の本来の意味は、太魔神の力、即ち、太陽エネルギーとエリンギ愛の月の生命波動の融合であり、正に日と月の合体を意味する。黄金神起とは、日月神示でもあると、神楽坂のオトミに、忍秦白峰は伝えていた。

弘観道とは風水学でなく、生命原理、即ち！ 永遠の中今なり。

夏の終わりに

正式には、天の中今～アメノナカイマと黄金神起伝説で呼ばれていた。地球や日本の歴史にぁらず、銀河、太陽系の創造神話だから、話はでかい。まさに酒でも飲まないと聞けない話だと白山南竜は驚いた。

実は南竜は、加賀白山山麓で生まれ、美濃加茂《みのうかも》に養子縁組して、尾張名古屋で働く加茂一族で白山信仰をしていた。唏宝舘大学院で数学解析を学んだ本当の訳は、月と数霊の法則を学ぶためであり、趣味の競馬情報は小遣い稼ぎ。加茂ならぬ、カモフラージュであり、彼女の名前は夏子、即ち、秦の始皇帝の夏の一族である。

琵琶湖の湖上は穏やかで、白山南竜の心とは真逆であった。聞いてはいけない話を聞いてしまったと白山南竜は感じている。踏み込んではいけない部分に踏み込んでしまった。そして、自分自身のことに気づき、驚愕している。自分がナニにより導かれたのかを理解するとともに、恐怖も感じていた。今までは興味本位でよかった。趣味、道楽の延長線上にあった。だが、これからは……。

白山南竜は自分の運命、それに人生を見つめ直していた。そのことを聞いた外交官黒田は、妙に冷静であった。黒田は、京都に戻った白山南竜と京都のホテルで落ち合っていた。

どうりで白山南竜が呼ばれたわけだ。外交官黒田は、はじめて理解した。

「なるほどね」

軽口を叩いたのは、松前だった。外交官黒田からこの話を聞いた時に、なぜか得心がいったのだ。

彼らも秦一族の血を引く人間だ。理《ことわり》ではなく、感覚でわかる事例なのだろう。彼らの環境にいれば、自然と気がつくものなのかもしれない。彼らふたり、防衛省情報局所属の松前中佐と外交官黒田は、表と裏を行き来する役割なのだから。

秦一族の謎

信長は過去世が始皇帝、太閤一誠は過去世が秀吉。秦一族の血筋こそが、秦一族の霊統をつなぐ鍵となっている。霊統は、血統が同じものに転生する。それゆえ、跡継ぎを養子縁組するケースが多々ある。日本の、そして海外の主要人物は秦一族の霊統で受け継がれてきた。

今まで調べたことをまとめると、自然とこのような考え方をするようになっていた。白山南竜は、天井を見ながら、考えに耽《ふけ》っていた。謎が謎を呼び、謎を紐解くと新たな世界観が目の前に広がる。面白いのだが、際限がない。深みにはまれば、無間《むげん》地獄のようでもある。それでも白山南竜の頭脳は休まらなかった。

鞍馬の一族も光の存在。日本では光明と呼ばれている。英語表記ならイルミナティ。

「まさか」

白山南竜は絶句した。だが、同じ名前であってもひとつの組織とは限らない。意識は、護国寺で見た富士山を思い出していた。護国寺には、入口を入って右斜め前に鳥居が存在する。そこに小さな富士山を模したものがあり、その頂上には、光明大天狗という札が掲げられている。天狗、カラス天狗、鞍馬山、つまりは、イルミナティの頂点ということか？

白山南竜の頭脳は、情報の海の中で翻弄されていた。その富士山を下山したところに、石碑があった。記されていたのは、カラスの歌。また、カラスか、白山南竜は迷宮に入った思いだった。だが、こうも思った。カラス、光明、鞍馬族と並べると違う世界が見えてこないだろうか？　本物のイルミナティ、光の存在が、鞍馬族つまり、金星、シリウス飛来のサナートクラマだとしたら、本物は日本ということになる。本物という言い方に語弊があるのであれば、オリジンは日本である。ことの大本は日本である。オリジン、大本、イニシャルは0である。これは偶然か、否か？　そういえば、帰りの地下鉄の出口は妙だった。同じ場所なのに二箇所に分かれていた。一箇所は普通の地下鉄と同じ出口。もうひとつはある建物とつながっている。その建物が入っている団体の受付窓口のようだ。あの建物の名前は……、思い出してはっとした。

「あれは！」

琵琶湖の洋上で会った謎の人物から聞いたことがある名前だった。

「そうか。カラスか」

その人物名は、表で活動したヤタガラスと伝えられていたのだ。

カラス

カラスはなぜ賢いのだろう。上空を見上げると数羽のカラスが旋回している。うち一羽は、屋上のテレビアンテナの上に止まっている。顔をそむけているが、こちらを見られているような気がする。日本神話にも重要な場面でカラスが登場する。日本建国の前段階、神武天皇の東征記である。苦戦が続く神武天皇こと佐野尊《さののみこと》（さぬのみことと記されることもある）は、兄を失いながらも、紀伊半島東岸部熊野から畿内に侵攻した。途中、強敵に遭遇しながらもなんとか切り抜けて、畿内でニニハヤギを破り、彼らを服従させることで、新王朝を築いたのだ。その道案内役としてカラスが登場する。三本足のカラスで、ヤタガラスという。太陽の化身と言われている。

どうやら、突如現れたわけではないようだ。また、実際の動物のカラスでもないようだ。どういうことか説明しよう。まず、ヤタガラスというのは、賀茂建角身命《かもたけつぬみのみこと》の化身と言われている。つまり、ある人物のニックネームだったということだ。彼の一族は、別名、鴨族と呼ばれている。神武東征記以前の先住民である。つまり、道案内役は、先住民の豪族、それに迎えられての王朝成立ということになる。そして、鴨族は、神武天皇の周りを囲んでいく。天皇家に嫁入りし、身辺警護に身の回りの世話をする。身辺警護は上賀茂神社から、身の回りの世話は下鴨神社から人員を出している。

そして、ニニハヤギの正体は封印されていく。スサノウから続いた系列は、閉じ込められていく。東北の方向へと。これは妙にシンクロした話である。ニニハヤギの子孫である物部氏は、内物部と外物部に分かれたという伝承がある。内物部とは軍事氏族、外物部とは祭祀氏族である。天皇家に使えた軍事氏族、内物部とは異なり、外物部は東に逃げた。東北の荒吐族《あらはばき》と合流し、大和朝廷と戦っていく。奈良時代は、藤原不比等の三男、宇会《うまかい》を東北に派遣し、平安時代は坂上田村麻呂、そして摂関家の絶頂期には源氏、八幡太郎義家を討伐に派遣した。八幡太郎義家による前九年、後三年の役で、この東北王朝は壊滅的な打撃を受けた。支配者の安倍一族は、滅亡を逃れはしたが、生き残りは流刑にされた。伊予をへて、長門に流刑された。その末裔が安倍晋三氏である。流石に娘は処刑されなかったが、娘婿の藤原氏のものは処刑された。だがその息子は、藤原姓を名乗り、後に東北に君臨することになる。奥州藤原三代と呼ばれる一族である。このようにして、大和朝廷と東北王朝は長年対立してきた。その背景には、神武東征による物部氏の分裂がある。

物部氏は、その名の通り、物をつかさどる氏族である。物とはすなわち、武器、金属。それゆえ、武士はモノノフと呼ばれている。最初はモノノフ部だったという説もある。モノノフからフが抜けてモノノベ、すなわち「腑抜《ふぬ》け」の暗号である。これが、神武天皇に従属したモノノフを皮肉ったものか、なにかの封印を表す暗号なのかはわからない。

上空を旋回していたカラスの姿は、小さくなっている。どうやら鴨川上空を旋回しているらしい。こんな推理ができるのも、カラスの影響かもしれない。カラスは賢い。それ故にナニかに使われているのではないか。いや、ナニかに使うために改造された？　そう、遺伝子操作にて。それならば、合点がいく話はいくつもある。神武東征記においても、鳥のカラスが行軍を監視していたとしたら。それを脳波、テレパシーレベルで受信できたとしたら……。カラスの脳が、他の鳥と比べて発達しているのは、そのためでは？　そんな考えを浮かべながら、空を眺めていた。

すべては仮説だ。

パープルレイン

「秋茄子は嫁に食わすな」ということわざがある。茄子の成分が、女性の性的能力を低下させるというのである。それを使い、人口削減計画の一環としている。パープルレインがまさしくそれだ。茄子の成分を含んだ雨を降らすことで、子供ができなくなるように仕向けている。

だがその紫色の雨を一掃するものがあった。超大型台風である。まるで紫色の雨を降らす雨雲を追うかのように進路を進む超大型台風が存在した。

それを、気象衛星こまわりから見てみると、台風の目になにやら半透明な巨人が見え隠れする。イルミナティの監視衛星は、その存在をはっきりと記録している。そして、それを分析したイルミナティの人間は、その正体に気がついたようだ。「この巨人の復活だけは避けなければなら ない」。否、復活した場合は、地球を捨てる覚悟をしなければならない。それが火星移住計画である。

イルミナティは、彼らなりにアセンションと呼ばれるものの正体を感づいていた。そして、彼らが受ける影響も既にシミュレーションを終えていた。それゆえに、太閤一誠の宇宙脱出には神経を尖らせていたのである。彼を怒らせることはできない。般若の寅蔵にも、丁重な対応を崩していないのである。

その頃の日本では、ある携帯電話会社が火星を舞台にしたCMを流していた。イルミナティの洗脳、情報操作と仲間への暗号プロトコルであった。火星脱出計画は、裏面では着々と進行していった。

第三幕　月のプリンセス

奪回

外の空気は冷たかった。久々の地上である。まだ、雪が残る地表の空気は、肌に鋭く切り込んだ。

「まさに日の目をみるとはこのことだな」

男はそうつぶやいた。男の名は、般若の寅蔵。太閤一誠の側近であり、後見人でもある。遠くから車が近づいてくるのが見える。寅蔵の表情が緩んだ。車のナンバーは外交官ナンバーであり、車内には黒田孝高の姿があった。

黒田の交渉のおかげで、般若の寅蔵は幽閉から解放された。解放場所に向かった黒田と外交官グループは、そこで寅蔵を引き取り、さっそく、領事館に向かった。

「久しぶりだな」

寅蔵は、領事館の一室で待つエリンギ愛に声をかけた。涙ぐむ愛をみて、寅蔵は表情を緩めた。これで心が氷解し、太閤との親子の名乗りを上げてくれればよいだろうと考えていた。寅蔵はこの時、エリンギ愛の月行きに賛成する立場になっていた。

ふたりのやりとりをみて、黒田は苦笑していた。このふたりが、寅蔵の解放条件を知ったらどう思うかと想像したのだ。イルミナティの要求を聞いたときは､百戦錬磨の黒田でさえ驚いた。その驚きは、瞬時に苦笑に変わったのだが。

求婚

日本に戻ったエリンギ愛たちは、さっそく関係各位に報告に伺った。その中のひとりが、神楽坂のオトミだった。オトミは一言、「これからが大変だろうね」と予言めいたことを言った。ほどなく、エリンギ愛はその意味を理解した。イルミナティ幹部からの求婚が相次いだのである。

イルミナティとしては、対立ではなく、共生を選択したのであった。

その裏には、火星でイルミナティ幹部と面談した太閤一誠の影響もあった。太閤は、争いを好まなかった。それ故に、彼らの火星移住には干渉しないと宣言したのだった。

彼らは王侯貴族である。自身の出自と育ちからくる確固たる自信があった。エリンギ愛をパートナーとして、最終的には月の利権も手中にする、それが彼らの作戦であった。5名同時の求婚には、エリンギ愛も辟易とした。この件ばかりは寅蔵も強くいえないのである。彼の解放条件のひとつが、エリンギ愛への求婚であったからだ。

日に日に増す求婚の申し込みに、エリンギ愛は無理難題をふっかけることで避けようとした。入れ知恵したのは神楽坂のオトミであった。かぐや姫の御伽草子にならったものである。

「あんたもかぐや姫じゃからね、へへへ」

神楽坂のオトミは笑った。エリンギ愛には、まだその意味はわからなかった。

旅立ち

そして、エリンギ愛にふたりの若い男女を紹介した。

ひとりは男の子であった。名前は、光陰一矢といい、不動一族であった。不動明王を祭る一族である。この不動明王こそが、地球霊王サナートクラマの正体である。この地球霊王復活のためのミッションをこれからおこなうことになっている。地球霊王、あのイルミナティが復活を恐れる存在である。それゆえ、西洋世界では、闇の存在として扱われている。竜や蛇の扱いが、日本と西洋では異なるのもこれが由縁である。イルミナティにより、封印されし2672年以前の歴史がわかると、自ずと答えはみえてくる。日本の正体もである。

そしてもうひとり、18歳のその少女の名前は、華蓮《カレン》といった。琵琶湖のほとりで、琵琶湖観音を祭る一族の末裔である。スイス人とのハイブリッドであり、見た目はちょっと洋風である。

彼らは、今日これからロンドンに旅立つ。その挨拶も兼ねて、神楽坂のオトミがエリンギ愛の元に連れてきたのだった。

「これから4年かけて、じっくりおやり」

来るべき2016年に向けて、神楽坂のオトミは、ふたりを激励した。そして、一矢には特別仕様の携帯電話を渡した。衛星通信ができる代物で、シルバーのボディが輝いてる。華蓮には、銀製のフルートを渡した。これらは、彼ら専用のアイテムであり、その背後には、科学忍者隊の技術が介在している。ある目的のために使われる専用機器でもある。

王侯貴族の求婚攻勢に辟易としていたエリンギ愛にとっては、いい気分転換でもあった。

エンティティ

イルミナティ幹部の王侯貴族の求婚は、静まることはなかった。彼らも焦っていたのだ。彼らに指令を送るエンティティからの指示である。

彼ら、イルミナティの本体はどこにあるのだろう。一説には、イルミナティは何種類もあるといわれている。光り輝く存在という意味を持ち、バチカン直系の系列、古代エジプト太陽神の系列、そして超古代アトランティスの系列など諸派があると噂されている。その大元はどこかというと、地球を飛び出してしまう。

月の裏側になにがあるのか。

その答えの一つが、イルミナティの中継基地であり、そこを経由して、エンティティは指令を送ってきているのである。つまり、エンティティは宇宙存在なのだ。イルミナティ幹部の12名がみる13人目の青白いものは、月の中継基地経由で送られてくるホノグラムで、実体はそこにはない。もっと先の世界にある。実は、冥王星こそが指令の発信地であり、そこにあるのは人工頭脳をもったコンピュータである。これは「オリジン」という電脳サイボーグ型の仕組みであり、古代バベルの塔に命令したアヌンナキ星人の頭脳、つまりは、元は太陽系外から渡来する情報なのである。

白峰博士がこだわった世界電脳システム「NAKAIMA」は、このオリジンを参考にして、世界中のコンピュータを結合させて、京の京倍の超超光速処理と実行能力を持ったものだった。それゆえに、イルミナティの妨害にあい、博士は引退生活を余儀なくされたのである。

かぐや姫伝説

寅蔵は空を眺めていた。同じく、寅蔵に付き添いこの山を登った人物も空を眺めていた。お迎えの飛行物体はもう見えない。ふたりは、海抜1万5千メートルの地点にいた。ここは新富士山と呼ばれている。裏の名は、秦富士山で、浮上した新大陸、通称レムリアの南西部にある。その山の山頂で、あることがおこなわれた。

エリンギ愛は、月のプリンセスであった。神楽坂のオトミの予言めいた言葉の意味するものはこれであった。イルミナティの求婚も、かぐや姫の御伽草子を再現する神仕掛けであった。エリンギ愛は、この新富士山の山頂で、迎えに来た月からの飛行物体に乗り、月に戻っていた。かぐや姫の伝説同様に、不死不老の薬を寅蔵達に渡して。

寅蔵達は空を眺めていた。エリンギ愛とのやりとりが、昨日の事のように思い出された。もうひとりの人物は落ち着いていた。この時が来たのかという思いで一杯だった。

この人物の名は、**宇慧の葵**。ウエノアオイと読む。香彩書画芸術家を生業とする人物である。対象者の生命エネルギーを読み取り、七色の虹の開運風水画を日本酒で描く。

エリンギ愛がまだ幼かった頃である。京都で舞妓の修行をしていた時に、その置屋で知り合った。愛は、運命鑑定で、この人物に開運風水絵を毎年描いてもらったが、太閤と出会ってからは、開運絵の中に満月が登場するようになった。エリンギ愛の宿命と天命を誰よりも理解してる謎のおじさん、それが宇慧の葵であった。

彼はもうひとつの顔を持つ。芸能界では有名な開運風水師であり、アイドル歌手の名前を全て改名する。表の顔は占い鑑定と開運風水画家である。されど裏は、忍秦白峰の片腕で先代九頭竜会の総帥であった。今は、引退して占い師を生業としている。エリンギ愛を成人まで影ながらサポートしていた。般若の寅蔵の、無二の親友でもあった。

彼は、太閤の遺言書を預かる立場でもあった。宇慧の葵の先祖は月氏である。中央アジアにいた遊牧民族と言われている。月氏は朝鮮半島経由で日本にやってきている。日本書紀には、応神天皇の時代にやってきた渡来の秦氏とある。渡来の秦氏のルーツを探ると弓月君《ゆみづき》とある。これは月氏の王のことである。

また、釈迦族の末裔とも言われ、山形の慈恩寺の境内で、絵を描いて生計を立てる。

「皇歓《コウカン》の葵」という言葉がある。

意味は、京都の葵祭りは皇《スメラ》、則ち天皇皇室が葵《アオイ》の象徴である将軍幕府を歓迎して、天下と国家のイヤサカを祝う大慶の計であるということだ。この、皇歓の葵、神事を取り仕切るのが、宇慧の葵なのである。

彼は、エリンギ愛の正体をうすうす気づいていた。

「月のプリンセスよ、月にお帰り」

そう何度も心の中でささやいたのであった。エリンギ愛は心の声が聞こえる体質であった。最初は意味がわからなかったが、イルミナティの求婚とかぐや姫伝説とのつながりが見え始めてから、自分の運命を悟りだしたのだ。育ての親の言うことだから、間違いはないのだろう。そうエリンギ愛は思い始めていた。そして、月からの使者が登場した。

裏天皇

奨仁皇鑑《ショウジンコウカン》神銘は太泉太志命《ふといずにたいしのみこと》、奨仁～読みは、ショウジン、もしや将人族の長かもと推理する人物がいた。されど触らぬ神に祟りなし。飲まない酒で酔わない。歴史学者ではない人物が立ち入る世界でないと直感的に判断したのだった。その役割は白山南竜に受け継がれていく。

のちに白山南竜は、もしや、**皇鑑＝コウカン、弘観道ではないかと推理**した。この推理を聞いた防衛庁情報局の松前中佐は、確信した。この謎解きをするのは白山南竜しかいないと。黒田も黙って頷いた。白山南竜の素性を知った彼には、まったく異論はなかった。

そして、彼らは万柏会を通じて、最後の手を打つことにしたのだ。古事記１３００年祭は刻一刻と近づいていった。

光明

弘観道では、天照をアマテルと呼び男性神として扱っている。その正体は、ニギハヤヒである。木嶋神社では、ニギハヤヒは、天照《アマテル》と読ませている。正式な名称は、木嶋坐天照御魂神社《このしまいますあまてるみたまじんじゃ》といい、このことを示唆している。その男性神アマテルの妻はセオリツ姫、又の名前は、白山菊理姫と言われている。

イギリスの古代史料館には、月をホワイトベースと呼び、月の山岳を何故か白山と呼ぶとあった。縄文時代、月の女神は白山姫《シラヤマヒメ》と呼ばれていたと、古事記１３００年の裏歴史、則ち裏古事記の、月の女神伝説で記載されていた。

そして、奈良の大仏建立の陰に、光明皇后の存在があった。巧妙、則ち、古代シュメールの末裔が、日本の天皇妃なる物語である。エリンギ愛の母親は、実は光明皇后一族なのであった。則ち、エリンの遺伝子には天皇家の血筋が既に入っている。そして、神聖遺伝子ＹＡＰを持つ太閤の特種遺伝子も継承されているが、月で生まれ、地球に円盤で運ばれた女神なのであった。光明、則ち、イルミナテイ裏古事記に記載がある。過去のかぐや姫伝説は、全てエリンの前世であり、奨仁皇鑑御前様は、**２０１３年伊勢と出雲大社の双方の遷宮祭と２０１２年マヤ暦の12月時間の終了は、月の時代から太陽の時代に変わる暗号であると語っていた。そして、月の封印が解除され、新しい月の女神が蘇ると告げたのだった。**

それを聞いた宇慧の葵は、それ以来エリンギ愛から離れず、遠くで見守っていた。愛の母親は、神楽坂のオトミの生き別れの娘である。名前は榎本夏子。この名前も秦一族、秦始皇帝、夏王朝、夏子族の名前である。夏と鹿島《カシマ》。

２０１３年、マヤ暦の終わりと遷宮祭りから、何故か月が黄金に輝きだし、日本経済でも株価が上昇する。それは世界中の金融資金が日本に投資した、遷都ならぬ遷宮20年で、再び日本が世界に注目されることになるのだ。２０２０年、新世紀の誕生の序曲なのである。

もうひとつの月

「この論文が面白いんだよ」

ひとりの男が女に問いかけた。男の名は、船瀬春樹。原三石教授の親友であり、環境問題の作家から環境エネルギー問題の専門家に転身した変わり種である。話を聞いている女は、ニュースキャスターの海老名ゆきのである。キャスターという職業柄、文化人との接触は多い。船瀬春樹と彼の所属する国際光子力機構の取材のために、都内のレストランで打ち合わせを兼ねた食事会を開催している。

今回の目的は、船瀬の提唱するエネルギー環境社会「コスモトレンディー」を、テレビニュースの企画にすることであり、その打ち合わせの席である。月の話題になった。月がふたつ存在する。一時は、人気作家がネタにも使ったＳＦ物語である。だが、どうやらそれには元となる科学情報があったというのだ。この時、地球の核は北に移動していた。それが隠された月の実体かもしれないということだ。この情報は、何人かのジャーナリストや作家がリークしている。

船瀬が注目したのは、白峰論文の、実体としての月と霊体としての月という部分だ。

彼の語り口は熱い。学生時代から原三石教授と、飲み屋で議論を交わしてきた。その時の熱血ぶりは今でも衰えていない。

「みえないおばけに驚かない」

これが白峰博士の口癖だったことは、原三石から聞いている。その意味は、月の実体と霊体とを示唆したのではないかというのが、船瀬の推測だ。海老名ゆきのは黙って聞いていた。

お釈迦様のこぶ

太平洋上の新大陸浮上とともに、地球上では天変地異が頻繁に起こるようになった。海老名ゆきのは、そのことに興味を持ち調べている。先日の船瀬との打ち合わせもその一環である。彼女は、現地レポートのため、その新大陸に上陸もしている。今後の動向については、職業柄もあり、人一倍興味を持っている。

そんな彼女の番組の最中に、特報が入った。ロシア発のものだ。地球の中心核が現在急速に北方に移動しており、数時間後には核が飛び出してくるというのだ。

驚いた海老名ゆきのは、番組終了と同時に、船瀬春樹に連絡を入れた。テレビ局近くのホテルで、スタッフも交えて情報収集にあたることにした。そして、その時は一刻、一刻と近づいてきた。

地球上では、近年起こっていた災害のように、誰も騒がなかった。北極点という場所もそうなのだが、それによる異変も発生しなかった。地球内部が割れて出てきたのではない。プラズマ亜空間からその存在が湧き出てきたような感じである。その様子を月から眺めていた原三石教授は、こう言い放ったのだった。

「お釈迦様のこぶみたいだな」

一説によるとお釈迦様のこぶは、この現象を象徴していると云われている。

プリンセスプリンセス

凪沙カヲルは、月のプリンセス、エリンギ愛に謁見《えっけん》した。失われた月の末裔と月世界の正統後継者との邂逅《かいこう》である。彼らは、もうひとりのプリンセスの到着を待ち構えていた。あの北極から現れた月である。霊体である月は、エリンギ愛の月と重なっていた。そこは、死者の魂が帰る場所であったからだ。そして、その実体は、実は地球内部に隠されていたのだ。プラズマによって生じる亜空間、そこに存在していた。そのトンネルが北極にあり、古来、使者の霊は北に向かうという言い伝えは、それを示唆したものだったのだ。霊体と実体は表裏一体。白峰博士の口癖「みえないおばけに驚かない」はまさしく、このことを暗喩していたのであった。

その白峰博士だが、新大陸レムリア浮上時に行方不明になっていた。だが、もうひとつの月のプリンセスを待っていたエリンギ愛と凪沙カヲルの前に現れたのが、なにを隠そう白峰博士であった。そこに現れた白峰博士は、ひとりの少女を連れてきた。自身が所有する民宿で働かせていた15歳の少女、樹里であった。

彼女は、実は地球内部天体であるもうひとつの月からやってきていた。江戸時代の末期に、お釜に似た乗り物で、現在の茨城県の海岸にやってきており、その時の絵が残されている。彼女は、そのままお釜に似た乗り物に乗り、小笠原まで来てそこでずっと暮らしていた。見た目は15歳だが、実年齢は軽く100歳を超えていた。長寿と不老の理由は、地底世界の人間特有の特殊遺伝子と、小笠原海溝の海洋深層水のおかげである。遺伝子と水、これが別世界のキーワードのように思える。月の住人は別世界の人間なのであろう。

凪沙カヲルは、エリンギ愛の手のひらに乗っていた。彼は、重力環境とその環境適応能力で小型化していたのだった。**20センチ少年**と樹里に呼ばれていた。

クローン

原三石教授は、白峰博士との再会を喜んだ。そして、樹里の謎についても理解していた。この娘が言ったことは本当だということを遂に理解したのだった。博士が迎えにいった少女は、樹里のクローンだった。別名をキリコ・キューピーという地底世界から来た迎えの使者だった。時が来たことを察知した白峰博士が、樹里を地底世界の乗り物に乗せて、帰還させたのだ。

原三石教授が見た漁船の白峰博士は、その作業を終えた直後の状態だった。

「博士、よく無事でしたね」

原三石教授は驚いたが、次の回答で、更に驚いた。

「実は、あれもクローンなんだ」

原三石教授は、あっと思った。確かにあれは、白峰博士ではないと感じていた。酒は飲めない。親父ギャグは云わない。あれこれ思い当たる節があったからだ。博士は、どうやらずっと月にいたようだ。太閤一誠が火星に向かうための準備をし、月面ナチスとのやりとりもいくつかあったようで、数々のミッションをこなしていたのだ。

原三石教授は思った。あれはよくできたクローンだったな。

「うん、三人目だからな」

原三石は更に驚いた。原三石ははっとした。あのゴールデン街の屋台ですか？　と白峰博士に尋ねた。あれはまた別だと云われた。なにがなんだかわからなくなってきた。

彼を更に混乱させたものがある。エリンギ愛である。愛は、ゴールデン街で占い師をやっていた。それで、エリンギ愛を紹介された原三石は驚いたのである。占い師のエリンちゃんだったからだ。一体どうなっているかわからなかった。相変わらず、鋭いようで鈍い男だなと白峰博士は思ったのだった。

一方のエリンギ愛も、原三石教授を紹介されて驚いた。原三石というのは、錬金術の暗号と聞いていたからだ。本来ならば、太閤から直接話を聞きたかったのだが、太閤の身の上話を寅蔵から聞かされていた時に、偶然、錬金術の秘法の話が出てきた。その中に出てきたのが原三石だった。

原三石

エリンギ愛は、その時のことを思い出していた。オリンピックのメダルといえば、金、銀、銅であり、これが代表的な金属であると云われている。銅は、銅線に代表されるように、現代社会の通信網や電力網をはじめ、インフラ整備には欠かせない金属である。銀は、古代から通貨として使用されている。黄金をもって財宝となす見方もあるが、普段流通している通貨は、圧倒的に銀が多い。そして、金、黄金である。富の象徴であるとともに、変化しない性質から財として重宝されている。この3つの金属が持つそれぞれの特性ゆえに、錬金術の秘法と云われているのだ。

現実の世界において、金、すなわちゴールドは、世界経済と日本再生基金をまかなうことが可能である。日本の国土に眠る黄金は、世界を救うには十分な量なのである。

更に、月の資源で、世界中の原子力対策が可能となる。核の廃絶、そして、宇宙開発も可能となる。大陸浮上した新大陸レムリアは、月のテクノロジーと海底資源の宝庫である。更に不老不死の琵琶湖水、鉄より強い炭素繊維、更にＩＰＳ細胞、日本は世界の全ての雛形なのである。

神仕掛け

かつてオリンピックでは5位まで表彰しようという意見があった。それが、3位までになり、それぞれに原三石である金、銀、銅メダルをあてたことは、偶然ではない。この錬金術の秘法を隠しながら見せるための施策だという説もある。一般の人間にはわからない。だが、ある種の人間達にはわかるという仕組みだ。そのためには、常に謎を解く人間が必要となる。日本の國躰護持組織が最初に目をつけたのは、齋藤哲《さいとうさとし》だった。そして、彼の後を継ぐ人材として、今、白山南竜を試しているのである。

サイ族

齋藤のサイは、斎宮のサイから来ている。ある伝承がある。藤原一族の話である。藤がつく苗字、伊藤、加藤、佐藤、内藤などだ。これらの苗字は、藤原氏の血を欲した地方豪族が、藤原氏から婿をとり、独立させたことで成立したという説がある。その地方の名称をとり、後ろに藤をつけたものだ。伊勢の藤原で伊藤、尾張の藤原で尾藤、近江の藤原で近藤という具合である。一方で朝廷の役職からとったものがある。その中でも齋藤は、異彩を放っている。神職である斎宮からとっているのもそうなのだが、一番の違いは、藤原氏側から近づいたということだ。

他の苗字は、地方豪族側から藤原氏に近づいたが、齋藤だけは、藤原氏から斎宮に近づいたものだ。その斎宮のサイはどこから来たのか？　渡来の一族サイ族のようである。彼らは、超能力者でもあった。それゆえ、超能力者のことをサイキックと呼ぶのである。

裏古事記

地上では、古事記１３００年祭が開催されていた。表向きは、文化芸術のイベントである。歴史好きの一部熱狂的なファンには好評のうちに幕を閉じた。だが、イベントはそれだけではなかった。一部の人間にだけ公開された裏古事記は、思わぬ波紋を呼んでいた。そこに書かれた記述をめぐって、議論が白熱していた。既存の知識では理解できない内容であった。イルミナティ達と同様に、こちらでも議論は煮詰まってしまった。

解決策を提案したのは、防衛省情報局の松前中佐であった。彼は、裏古事記の記述を白山南竜に見せるように主張した。もはや謎解きはこの男しかできないと、松前は確信したからだ。異論は噴出したが、白山南竜が松柏会の特別ライセンスを所有していることを、参加者に告げた。異論は静まった。事前に外交官黒田経由で頼まれた特別ライセンスの申請を、松前はぬかりなくおこなっていた。そして、白山南竜がこの裏古事記の公開会場に呼ばれるのだった。

白山南竜は緊張していた。ここ最近は、緊張の連続であった。疲れはあったが、緊張感が持続しているためにも、体は前のめりになるほどこのミッションに没頭していた。また、頭の隅には、もう後戻りはできないなと感じている自分がいることもかすかに感じていた。

白山南竜は、裏古事記を拝見した。そこにある記述を素直に読み取ることにした。そこには、こう書いてあったのだ。古代において、日、月、地のみが信仰対象であった。これが白山南竜が読み取ったことだった。そして、彼なりの推理を披露した。今、起こっている現象、世界的な天変地異や新大陸の浮上、それに隠された月の登場を解説した。外交官黒田、それに防衛省情報局所属の松前中佐も静かに、それを聞いていた。

そして、次の起こるべき変化を示唆した。それを聞いた松前中佐は、上を向いたまま無言であった。その推理を外交官黒田が、エリンギ愛に伝えた。

「次は地球そのものが変化を起こす」と。

地球維新

黒田から話を聞いたエリンギ愛は、後ろを振り向いた。そこには白峰博士と原三石教授がいた。

原三石教授が先に口を開いた。地球の海水がすべて水素エネルギーに変換できたら、地球そのものが太陽になると説明した。白峰博士からは、黄金を粉末化したゴールドパウダーにより、海水が変化を起こし、次元上昇する可能性が説明された。

エリンギ愛は、それを表情を変えずに聞いていた。自分が月に帰ったことで、月のエネルギー変化が起こったことを感じていたからだ。このままでは、月の影響を受けている地球が変化するのは自明の理であった。月には色々なものがある。資源、鉱石、レアメタルに、裏側に行けば、先住民、シリウス移民、ナチス残党に、失われた月の一族。そして、ここには、隠された月のプリンセスも来ている。すべてのエネルギー源が月に集まっている。また、謎の存在、イルミナティの冥王星からの中継基地もある。

エリンギ愛は、自然と目を閉じて、様々なことを考えていた。はっと思った瞬間、エリンギ愛は目を開いた。真剣なまなざしであった。額の第三の目が開いているようにも見えたと、後に側近のひとりが語っている。愛はその真剣なまなざしで、白峰博士を見つめ、少し間をおいて、白峰博士に尋ねた。

「これからすべきことは」

エリンギ愛の簡潔な質問だった。白峰博士は一呼吸置くと、地球の電脳社会について説明し始めた。博士の簡潔な説明の後に、

「電脳社会の封印は冥王星に行けばわかる」

と続けた。どうやら博士は、太陽系、宇宙の秘密も理解しているようだ。

冥王星に行くこと。それはエリンギ愛にとっても、太閤の後を追いかける、師弟の旅となる。

あとがき

出版にあたり、ご協力いただいたすべての方々へ感謝の意を込めて。

前作「地球維新　黄金神起」は、八坂神社でみた夢をまとめてみました。今回の作品は、ある人物との会話をまとめた作品です。ある人物とは、暗闇の中でお会いし、夜通しお話を聞かせて頂きました。時には質問をし、時には笑いながら、酒を酌み交わし、あっという間に時間が過ぎていきました。

ふと気がつくと、外は明るくなってきておりました。暗闇ではありましたが、光が差し込み、その人物の足元を照らしました。どんな方かと顔をみようとすると、その姿は薄らいでいきました。夜が明けきった時には、そこにはおられず、酒の入ったグラスとヘシコがのった皿だけが残ってました。

あれはなんだったんだろう？　幻だったのだろうか？

月にある秘密――、夜だけあらわれる精霊だったのかも知れません。月の精霊、それが月読命の正体なのかもしれません。

後日譚

冥王星にて、人工知能と対峙する太閤一誠の姿があった。その人工知能はイルミナティに指令を与える役割を担っていた。

「よくぞここまでたどり着いた」

と太閤をたたえ、その変わらぬ好奇心に敬意を表した。

冥王星は太陽系からはずされていた。そのわけは？　いつの頃からか、太閤は考えるようになり、自分なりの答えを見つけた。太陽系と外宇宙の境であるヘリオポーズという領域があるが、冥王星は、その境界位置だと暗示するためだったのではと思っている。ヘリオポーズの外側は、三次元のままでは到達できない。そこから先は、更なる次元上昇した存在しか到達できない。そのために中継基地が必要である。その中継基地こそが冥王星だと、人工知能は太閤に教えてくれた。

「それはどこからの中継か」

と太閤は、人工知能に尋ねてみた。

「それこそが秦一族の星、シリウスだ」

と人工知能は答えた。シリウスは、地球上では秦星と呼ばれている。それを知った太閤は、少年のような笑顔を見せた。好奇心は少年時代から変わりがなかった。

太閤の興味は、太陽系を超えた。そして、キングソロモンの再来といわれた不思議な魅力とオーラを持つ少年は、宇宙に飛び立っていった。

41（カミ）芝居 ～火《ひ》・風《ふ》・水《み》の謎～

まえがき

「三つ子の魂百まで」という言葉がある。幼児期の体験がその後の人生に与える影響が非常に大きいことを示す諺《ことわざ》だ。三才までというのはあくまで比喩であろう。幼児期、少年期くらいまでに見聞きしたことは、人生観や成人して就業する際にもなにがしかの影響を与えていることだろう。

2012年、古事記編纂1300年という節目を通過しようとする今、日本は未だ3・11災害の爪痕に苦しみ、原発事故は収束のめどすらついていない状態だ。経済はといえば円高のまま金融緩和もされず、「失われた20年」というデフレ経済と不景気の真っ只中だ。日本はこのまま三流国家に凋落し終わってしまうのだろうか。

筆者はすでに40年以上前から「当時の子供たちを対象に作られた」特撮映画、マンガ、アニメの作品群がこの混迷する日本に現代の希望として存在し続け、暗い世相を吹き飛ばし明るい未来を描けるビジョンに満ち満ちていることを発見してきた。何よりその予言めいた作品群は、予知の他に未来に進むべき方向まで揃って提示されているのである。日本再生への道を歩む前に、先人が残してくれた偉大な作品、コンテンツの中に込められたメッセージを読み解くことが、我々の未来を差し示してくれると確信するに至った。

これから紹介する身近な作品、知る人ぞ知る隠れた作品の中の、原作者が無意識下で「作らされた」作品や「神懸かって導かれた」作品を読み解いていく。ここで導いた解は筆者が感得したものであり、それを強要することはない。大切なことは、こういった作品群からそれぞれが何を読み解き、気づくかである。そうして、さながら現代まで隠された埋蔵経典（必要な時代が迫ったら発掘されるように仕組まれたチベット仏教の経典群の意）のように感じていただければ幸いである。

原作者自体が気づかなかった事例も多々あるが、気づいて警告を発していた事例もある。放映日や原作者の出身地までが未来を暗示していたとなると、もはや彼らの意思を超えている話だ。有名な経済評論家ですら、数年先までの予測どころかこの先1年の経済見通しすら外すありさまであり、当たった試しがないと揶揄《やゆ》される。特にリーマンショックのあった年頭、今年は景気回復するであろうと世界中のアナリストが予測していた。当時は、リーマンショックという大波がくることなど、誰も予測できていなかった。こうした例からもわかるように、数十年先の予見を正確にし、警告するとなると神業《かみわざ》と言わざるをえない。

本編にはまず『41（カミ）芝居』という主題を付けた。日本に残された予言コンテンツを神芝居、神仕組みとして再発見し、日本復活の足掛かりにしてもらいたいという願いからである。また副題として、昨今、予言書として名高い岡本天命氏の『日月神示』になぞらえ『火《ひ》・風《ふ》・水《み》の謎』

とし、上、中、下と3部構成とするものである。日本神界の計画の中でサブカルチャーとして捉えられていた特撮映画、アニメ、マンガ等々は、現代日本を雛型《ひながた》とする予言書と捉えることができる。かつ1300年ぶりに復活した現代の日本神話であったことを、いくつかの事例をもって示していく。

古事記編纂《へんさん》1300年の節目にあたり、新しき地球の幕開け、地球維新を祈念してこの書を贈る。

「上の巻」

1、古事記編纂1300年目の意義

２０１２年も押し迫った今でも、今年が古事記編纂１３００年という節目であったことを御存じない方もいると思う。高橋徹著『13の暗号』に、13という数字が人類創世や暦、宇宙のリズムに強く関与していることが詳しく説かれている。中でも１３００年という数字は、２６０００年という周期と共に、歴史的転換点であると説かれている。

その通りであれば、２０１２年は記念すべき転換点《ターニングポイント》といえるかもしれない。なぜなら２０１２年は、古事記編纂１３００年という節目のみならず、年末にマヤ暦の最後の日が訪れ、大災害があるということが数年前からまことしやかに流布されてきたからだ。このことは、今や地方の小中学生ですら知っている。普段歴史に見向きもしない人たちが、そういった断片的な情報の中で不安を抱いているようだ。この噂が外れたとしても、昨今の政治、経済には不安材料が山積みでとても希望が持てそうにもない。

古事記の話に戻そう。アカデミックな見識では、古事記は西暦７１２年（和銅5年）に編纂された日本最古の歴史書とされている。ただし歴史というのは勝者によって書き換えられ、時の為政者にとって不都合な部分は削除、改編されているものである。日本の歴史学に限らず、先史文明を認めてこなかった従来の学問的な階段的組織構造《ヒエラルキー》は、世界的にみても捏造《ねつぞう》に満ちていることが明るみに出てきた。たとえば、近年公開された映画『ピラミッド5000年の嘘』などはこの一端を示すものである。また作家の浅川嘉富《よしとみ》氏の『謎多き惑星地球』（徳間書店）上下巻等、一連の浅川氏の作品群にみられる真摯で緻密な現地調査と、大胆な推理によって解かれた歴史の真実も、今後必須の知識となるであろう。

新しい発見によって歴史は見直されなくてはならないが、その時代の権威とよばれる学者の定説を覆す発表をすれば、研究者は翌日から職を失いかねない。考古学では「偉い先生の説」はそのままに、その下にいる研究者は「それまでの定説」を覆さない範囲の研究しか許されていないのが現実であろう。特に考古学は、革新的な真実を世に送り出しにくい構造になっているようだ。

あえて、その時代時代の為政者（権力者）に都合の悪いことを、堂々と記録に残すものがいるであろうか。あるいはそういう真実の記録があったにせよ、焚書《ふんしょ》の憂き目にあったり失脚させられたり殺されたりするのがオチである。

今、流行りのソーシャル（S）・ネットワーク（N）・システム（S）やブログなどは、事実上政府や闇の管理者の監視下にある。特定のワードについて監視して、政府にとって都合の悪い内容がいくつ発信されたかカウントし、一定の数に達すると担当者が発信者のもとに行き、聞き取り調査、すなわち脅しをかけてくるのだ。原発のような巨大な利権絡み等、為政者等にとってマズイ発言が増えると、因縁をつけて見せしめの逮捕などをするようである。

3・11から日本は既に戦時下にあるといってよい。いや3・11以前からずっと戦時下だったのかもしれない。国民は今まで、まんまと「彼らの」作戦にはまっていただけである。3・11以降の原発事故をきっかけに、今まで巧妙に隠されてきた日本の裏の面が綻《ほころ》び、露呈《ろてい》したまでであったのだ。

それまで国民の意識を原発問題からそらしてきた巨大な利権構造だったが、原発事故をきっかけに国民の一部が「気づき」はじめた。筆者がこの原稿の校正を行っている時に、総選挙の投票日となり、すでに大勢は自民党に傾いて圧勝のようであるが、この流れはいったいどんな結果をもたらすことか。原発推進は自民が長らく進めてきたエネルギー政策である。

一方、ネット社会でささやかれる裏の声には**「原発は核兵器開発のための隠れ蓑《みの》」**であるとか、すでに日本各地の劣化ウラン処理工場内部では核弾頭が保管されているとかいう「噂」がある。筆者は実際にその現場に行ったこともも関係者に話を聞いたこともないが、既に今年になって高山長房氏の本（ヒカルランド刊）等が出版までされているところをみると、あながち「噂」では済まないのではないかと感じている。

さて、古事記の話に戻そう。古事記は今風に言えば、非常に「マンガ的」な描き方がされている点も、何かを隠し暗示しているように思われる。事実と考えるにはあまりに荒唐無稽な話が多いからだ。

イザナギとイザナミが国生みをした話から、イザナミが死んで黄泉《よみ》の国に行き、妻を慕って黄泉の国にいったイザナギが妻の醜い姿を見てしまう。怒ったイザナミが夫婦喧嘩をする話など、本当に神なる存在がそのようなことをするのか？　と単純に疑問に感じる。

テレビや映画の無い時代、幼児・児童への読み聞かせ、大衆娯楽として、紙芝居は大切な役割を果たしてきた。子供にお菓子やアイスクリームなどを売るための、「おまけ」として存在していたようにみえる。しかし、そこには寓意を含んだ教訓や日本人が持つべき精神性などが簡潔に語られ、その「裏の働き」を担ってきたのだ。

神話の類《たぐい》も同様に、古来の言い伝えとして残ってきた。昭和の経済成長と共に忘れ去られてしまったが、古事記は「紙芝居」ならぬ「神芝居」という言い方もできるのではないか。未来を展望するのに、既に日本に用意されてきた神がかった作品をきちんと検証することで、我々日本人が何を成すべきかを考えていただくきっかけになればと思う。

さて、マヤ暦の最後の日が２０１２年12月21日ないし22日であり、この世の終わりであるとか、フォトンベルトなるものに地球が突入し、強力な電磁波で電子機器一切が使えなくなる、あるいは天変地異、巨大地震、巨大津波で日本はおろか世界の多くの陸地が水没するとか、金融関連のもつ巨大なコンピュータのデータが飛んで世界的パニックになるとか、惑星ニビルが接近して不随した惑星が地球に墜落する、ポールシフトが起きる等、諸々言われている。**古事記が作られて1300年目とこの2012年問題が符合するのは偶然か否か。**

筆者は、前者・古事記は必然のもと計画されたという側面と、もうひとつ1300年というサイクルが偶然ではなく必然であると考えている。のちほど詳《つまび》らかにしてみたい。前述の失われた20年を語るよりは、まず元号による意識の差とそれらをつなぐものについて語ろうと思う。

昭和と平成という世代の溝があるように感じられるが、昭和は戦前戦後で、生活様式や価値観が激変した時代であった。そして昭和も終わりになるころバブル経済が生まれ、平成となってからそのバブルがはじけた。以来、一億総中流意識から、富めるものと貧しいものとの二極化へと意識が変化し、日本がもつ多くの美徳も失われた。世代間共通として昭和、平成で共感できるコンテンツは乏しいが、それでも昭和40年代の高度経済成長期と現在を結ぶものはいくつか存在する。

昭和40年11月～45年7月の57カ月の期間の好景気を「いざなぎ景気」と呼んでいる。好景気の期間に神々の名前をあてるあたりにも深い謎があるのだ。要するに、子供のころの共通体験のようなものだ。中でもあえて言えばサブカルチャー的な存在、具体的には特撮映画、特撮ヒーロー、マンガ、アニメ等、日本的コンテンツが世代をつなぐツールとして残っていると考えられる。たとえばゴジラシリーズ、ウルトラマンシリーズ、仮面ライダーシリーズ、戦隊シリーズ、またロボットアニメなど、子供時代に一度は見聞き、あるいは没頭したものがあるはずだ。女性は環境適応が速いので、そういう偶像・アイコンは不要なのかもしれないが、魔法やファンタジーに関するコンテンツも「見えざる手」によって用意されてきたので、紙面が許す限り紹介したい。

本書は、決して男性側からみた偏った話で終わらない。これから女性性の時代へとシフトすると言われているので、温故知新——古きをたずね、新しきを知るという気持ちで、今までの男性原理優先の世界から読み解いた内容を読み進んでいただければ、なにがしか気づきを得ていただけるのではないかと考えている。

男性性原理社会の下で語られたこれらのコンテンツを、ぜひこの機会に女性にも知っていただきたい。これらのサブカルチャーの中にどういう謎が織り込まれているか、女性性の時代にシフトする際に、何をなさねばならないのか、次の世代を女性が引っ張るとしても、その準備のために過去を振り返っておくことは大切だと考えている。これは「見えざる神の手」を読み解くことに繋がる。読者にそういった目を養い、「気づき」が一つでもあれば筆者の喜びこれにまさるものはない。

2、ゴジラ（被曝竜）・モスラ（菊理媛、スクナヒコナ）・アセンション

映画『ゴジラ』が作られた背景は、1954年ビキニ沖の水爆実験で「第五福竜丸」が放射能被曝の犠牲となったのがきっかけだった。核兵器の危険性、人類の存亡にかかわる危機を警告するための作品であった。水爆実験によるケロイドを示すゴジラの皮膚、形相、放射能ガスをまき散らす姿も、放射能被曝した大自然の怒り、まさに神の怒りとも捉えられよう。

現在もなお放射能の問題が解決していない「福島第一原発」であるが、実は製作指揮をとった円谷英二の出身地は、福島県だったのである。50年以上前に福島県出身者がゴジラを通じて放射能について警告を発していた。にもかかわらず悲劇が「現実化」してしまった。

さらにこの福島原発の立地している福島台地は元々基地であったという。先の大戦に於いて、欧米諸国からの攻撃を受け劣勢を極めていた日本を逆転勝利させるため、密かに原発開発の研究があった。戦時中、陸軍航空本部の秘密計画に「ニ号計画」というものがあった。理化学研究所の仁科《ニシナ》芳雄博士のイニシャルから「ニ号計画」と呼ばれた。理化学研究所のサカモリ研究室を福島県の石川町に移し、ウランの精錬にあたっていた。しかし原爆の材料を精製するほど材料が豊富ではなかったため、この計画は成功することなく終わった。

さきほど「第五福竜丸」の被曝がきっかけで、『ゴジラ』が作られたと書いた。「第五福竜丸」がなかったならば、『ゴジラ』は誕生しえなかったであろう。この謎をまず解いていこう。

「第五」について、マヤ暦には5つの太陽の時代が描かれており、すでに4つの太陽の時代が滅んだとされている。要するに人類の大半が滅び、わずかな人々がこの地球を4回にわたり復興させてきたという。そして第5の太陽の時代が今の時代であり、この時代の終わりが2012年12月21日（22日説等あり）とされている、その暗示である。

では「福竜」とは何か。神道の研究家の間では、日本列島は北海道を頭にした龍体と九州を頭にした龍体が重なった形であるとされている。主に明治時代に発展、後に弾圧された「大本教」の出口王仁三郎氏の説が特に有名だ。

「福の竜」とは、神々が住む福の島（日本）を表すとともに、「福島」をも意味する。さらには「第五福竜丸」の「丸」は「〇」である。この真ん中に「・」が入ると神道でいう「神」となる。我々にまだ「〇に・」が入っていないことを暗示しているのだ。すなわち「第5の太陽が終わる時代、福島、被曝、神」という言葉が導き出せるのだ。これがゴジラを生むきっかけとなった。実に深い話なのである。

もちろん、船の命名者は反論するだろう。これは神の計画の中での話である。一笑に付されてもいっこうにかまわない。しばしば、筆者の話は妄想と思われる。そのように思う方がいても当然だと思う。何を選択し、何を信じるかは読者におまかせする。一見すると駄洒落のような解読法も、子供の純真さを失わなければ神々の計画として理解できる仕組みなのである。

日本に残されている多くの童謡や江戸時代の浮世絵、偽書とされてきた古文献等々、今まで隠されてきた謎が続々と解き明かされてくることだろう。これからの時代、「そんなバカな」と馬鹿にして笑っている側が、いずれ笑われる時代がくるだろう。どこかのテレビ番組で言われている「信じるも信じないもあなた次第」な話である。

また、以前からゴジラが「神」と呼ばれた背景には、有名な話が残されている。英語のスペルでは「GODZILLA」と書くが、ゴジラのスペルのなかに「GOD（神）」があるというものである。『ウルトラマン』の撮影監督であり、映画劇場版『ウルトラマン』の監督であった故・実相時昭雄《じっそうじあきお》監督も、「ゴジラは神だ」という言葉を残している（十数年前の「WOWWOW」のプログラムガイドの中にて）。

このような因縁めいた話が後から後からでてくるのも、隠された暗示が今まで読み解けなかったのが原因ではあるが、「語らせるべき時期がきた」ので人を選んで語らせているという側面も考えられる。もしこれらの「サイン」をもっと早く読み解くことができていれば、最悪の事態も回避できただろうが、見方を変えればこれらもまた神々の計画の一環とみることができるであろう。

ゴジラシリーズの多くが怪獣映画というより「**龍の戦い**」であるという点にも注目していただきたい。一般的な目でみるとただの子供の映画であるにもかかわらず、当時、『ゴジラ』の観客に多数の大人が含まれていたことにも意味があると思う。これらの作品は決して子供相手の作品ではなかった。少なくとも初期のころの作品群では。『ゴジラ』は世代を超えて様々な世代の記憶にその姿をとどめていることだろう。

一部のスピリチュアル系情報や陰謀系情報を好む人々によれば、「世界の多くの人々を洗脳して奴隷のように使う勢力が存在しており、従順な奴隷と化している愚民の統制を計画通り遂行してきた」という。俗に言う「陰謀論」に抵触する話だが「事実は小説よりも奇なり」のようである。フリーメーソンとよばれる団体がある。ヨーロッパを中心としキリスト教会を作ってきた石工集団が始まりとされるが、数々の秘儀を使った呪術的側面と世界的経済支配を目的にした「友愛団体」として知られる。また、イルミナティと呼ばれる組織もあるとされるが、善のイルミナティなるものも存在するという。

これらオカルト的な背後に隠されたその実態は、軍産複合体であろう。また食糧に関する巨大企業トラストが、経済支配を通じて人類を家畜化しておくことが目的のようでもある。第123代大正天皇家奉賛会総裁でもある高山長房氏の説、デイビッド・アイク氏の説などによれば、人類を陰で操っている人々はもはや人類などではなく、爬虫類人《レプタリアン》とされる。一方高山氏はこれに対抗している勢力として、ドラゴニアンという種族が地下深く潜り、地球人が洗脳支配から解放される手助けをしているという。

これらを勘案すると、ゴジラシリーズの多くが「龍と龍の戦い」であるばかりでなく、現実世界でも「爬虫類人と龍蛇族の戦い」であると読み解ける。これらはまるで配役が決まった紙（神）芝居であることが窺《うかが》い知れる。紙芝居は廃れてしまったが、現実世界に「神芝居」が存在していたのである。混沌とした世界の紙芝居から、神々の計画による黄金時代への神芝居へとシフトするのはいつになるのだろうか。

さて話がゴジラシリーズから脱線してしまったが、以上のようなことを少し念頭において日本映画、特に特撮映画にはまだまだ謎が隠されているということを語っていこう。

初代ゴジラは「オキシジェン・デストロイヤー《水中酸素破壊剤》」という装置によって溶かされ殺された。このこともまたいろいろな気づきを与えてくれている。放射能の塊のような怪獣が「酸素」によって溶かされるというくだりだ。これは放射能が酸素によって「なんらかの」作用で低減される可能性を暗示しているのではないか。

昨今、大気中のCO_2濃度が高まるということは、相対的に酸素濃度が低下することを意味する。癌細胞は酸素を嫌う。酸素濃度が低下すると癌化する人も増えるという説すらある。ゴジラは怪獣同士の戦いに於いては過去二回にわたって負けたことがある。相手は「モスラ」という巨大な蛾《が》である。モスラの特異的なところは、他のゴジラシリーズで戦う怪獣が、キングギドラ、ラドン、アンギラス、メガロ、ガイガンなど「怪獣」「宇宙怪獣」であるのに、唯一「虫」であるところだ（一応形は虫だが映画の設定上は怪獣の類《たぐい》に数えられていることは断っておく）。この初代モスラは、架空の島インファント島の神として祀られており、「小美人」として巫女役を演ずるのは「ザ・ピーナッツ」の双子という設定であった。

日本神話にも小さな渡来系の神が存在する。「少彦名命《スクナヒコナ》」という神は渡来系の小人の神であるが、その姿は「蛾《が》の羽をまとった」姿で描かれている。少彦名神は造化三神の1柱、神皇産霊神《かみむすびのかみ》の子である。波の彼方より天乃羅摩船《アメノカガミノフネ》に乗って来訪し、鵝《ひむし》（蛾）の皮の服を着ているという。この符号は偶然なのかどうかを考えていただきたい。

話の筋は、小美人を使ってひと儲けを考えたネルソン一味にさらわれた、巫女の小美人ふたりを、モスラの「幼虫」が海を渡って追いかけていくストーリーとなっている。それも第二稿では、神々の地高千穂で、ネルソン一味がその最後を迎えるという案だったという（ウィキペディア「モスラ」項より）。映画の海外輸出を計画したために、話の終盤、ロシリカ国のニューカークに舞台を移し、ニューカークの空港にモスラの象徴である「ケルト十字」のマークを描き、モスラをおびき寄せる作戦が展開された。

さきほどの少彦名神を彷彿とさせる「小美人」が、大自然の象徴であるモスラの巫女であるあたりは、日本神話がその話の裏に生きている証左と考えられる。モスラの音楽を担当したのは、一連のゴジラシリーズの音楽で有名な伊福部《いふくべ》昭《あきら》氏であった。伊福部氏の家系は、因幡国《いなばのくに》の古代豪族・伊福部氏を先祖とし、本籍地は鳥取で、明治前期まで代々鳥取県因幡一宮の宇部神社の神職を務めており、昭氏で67代目にあたる（ウィキペディアより）。ゴジラの音楽担当が神道と縁の深い方であることがわかった。

モスラの幼虫は東京タワーに巨大な繭玉《まゆだま》を作った後に羽化し、巨大なモスラの成虫となった。この変態の様子は蚕《かいこ》を模したものであるとわかる。蚕は「天＋虫」と書く。なんとなく宇宙的な要素を持つ名前と思われる。蚕は桑の葉を食べて人間に飼われる以外には生きるすべがなく、今や野生種がいないとされる珍しい虫でもある。

さらには養蚕をもたらしたのは、彼の朝鮮半島を経由してきた秦《はた》氏であるともされる。秦氏は聖徳太子の財政的支援をし、京都太秦を拠点に、日本の神社建立に多大な貢献をしてきた渡来人である。その源流は朝鮮半島ではなく、遠く中東までさかのぼると言われている。また養蚕の神として「おしらさま」と信仰されてきたのが、白山に拠点を持つといわれる「菊理媛《くくりひめ》」でもある（白山妙理大権現等諸説あり）。

筆者は「モスラは日本神世界における『菊理媛』の働きを具現化した話ではないか」と考えている。先ほどのモスラの変態について、単に虫の変態だと捉えると、本来の意味に気づかず終わってしまう。これは神話であり、気づきを与える神々の計画だと気づくと、以下のようなことがわかる。

まずモスラの幼虫の姿をよくみてほしい。これは大自然の怒りであり、1985年に出たアニメ『風の谷のナウシカ』に登場する「王蟲《おうむ》」の原型であることに気づく。**またナウシカの劇場公開日は「3月11日」であった。**放射能汚染された地球から1000年後の世界を描くこの作品、福島原発の事故を預言していたかのような符合とは言えまいか。原作の宮崎《みやざき》駿《はやお》氏はスタジオジブリ代表の鈴木敏夫氏から「ナウシカの公開日が3・11であった」件を、震災以後聞いて驚いたとのことだ。原作者がナウシカの公開日を意図的に設定していなかったことがうかがえる話だ。この話の内容と3・11の震災が符合していたのは決して偶然ではなかった。見えざる手(神々)による計画の一例であろう。

モスラと王蟲《おうむ》、どちらも破壊するだけの巨大な虫だが、前者も後者も大自然の象徴として描かれるばかりか、その形、スケールまでほぼそっくりである。筆者の妄想と笑われるかもしれないが、これも神々の計画の一環であろう。欧米の作戦で洗脳された、日本人の深層意識に深く働きかけ、世代間の中で共通の気づきを与えるための大いなる「仕掛け」だったのである。モスラは神々の計画のワンステップであり、ナウシカでさらに若年層への働きかけをしてきたのだ。

モスラは羽化して蛾の成虫となるが、その形態そのものが深い意味を成している。それは現在の人類が「芋虫(醜《みにく》い姿)」であり、まだ三次元の世界しかわかっていないこと(高次元へシフトできていない)、そしてこれから「混沌《カオス》」状態(サナギの中身はドロドロ)になっていくということである。モスラの「サナギ」が教えてくれていることは、岡本天命著『日月神示《ひつくしんじ》』にある「天地混ぜ混ぜになる云々」に象徴されるような地球規模の天変地異や、現代の世相を暗示し、さらには芋虫、サナギ、羽化を司るキーとなるものが、**甲状腺ホルモン**であることも暗示している。

　生きたまま変態をして、二次元世界から三次元世界へと飛翔するモスラは、現代的な表現をすれば、そのまま「アセンション《次元上昇》」を意味する。古くは仏教用語の「因縁解脱」というべきかもしれない。アセンションの鍵の一つがホルモンであることを留意していただきたい。

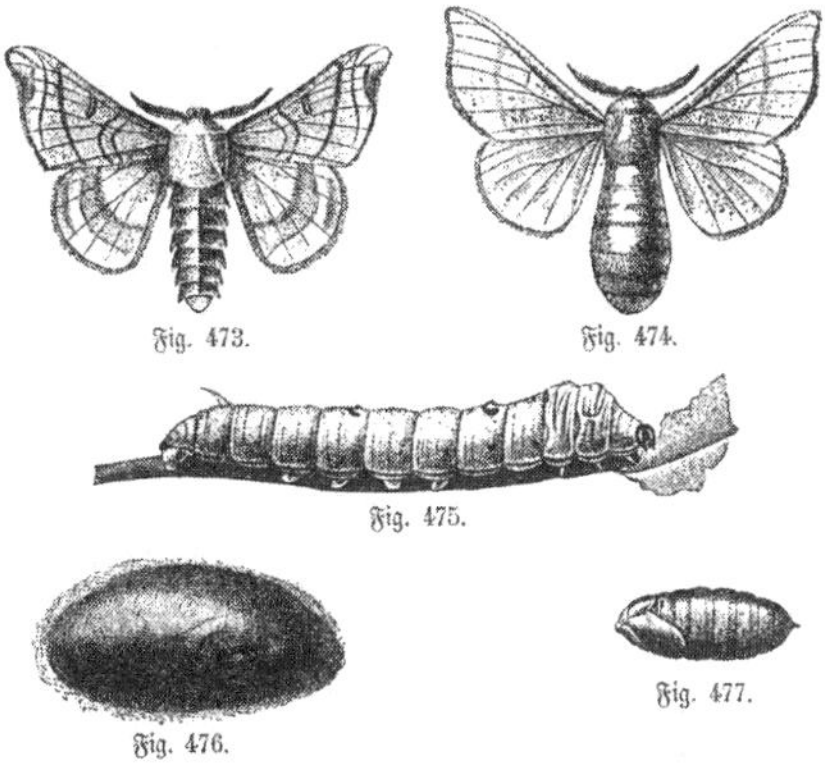

Fig. 473.　Fig. 474.　Fig. 475.　Fig. 476.　Fig. 477.

　ただ意図的に視床下部等を働かせてホルモン分泌させるには、チャクラ開発、霊性開眼が必要なのだが、今から40年ほど前に、宗教家桐山靖雄氏の著書『変身の原理』（平河出版社）に、醜い芋虫が美しい蝶になる過程において、甲状腺ホルモンが関与していることが説かれている。そしてホルモンの構造自体は、人間と同じであることも注視したい点だ。女性が女性らしい体つきをして子供が産めるようになるのも、一生の間に切手1枚分程度の重さの、ホルモン分泌によって引き起こされているという。いわゆるホルモンというものは、生命維持活動の中で「水爆」に匹敵する力を持っているということである。

このことは実際の水爆のような大破壊の世界ではなく、人類が質的、そして霊的かつ内分泌的に進化ができなければ、次元シフトはないことも暗喩している。人間内部に水爆に匹敵する能力が隠されているとも解釈できるのだ。２０１１年福島第一原発爆発「事故」（真偽不明ではあるものの、これは事故ではなく実はテロであったことが泉パウロ氏、高山長房氏、デイビッド・アイク氏らの著書によって説かれている）で、盛んに言われた「甲状腺」に放射性セシウムが溜まる、ということ、そして前述の霊的進化、アセンションの鍵が甲状腺ホルモンであり、これらを「攻撃」するのが「放射性物質」である、という構図をよく認識していただきたいと思う。

大自然の象徴であるモスラの変態がアセンションの象徴。そして変態に必要なホルモンが甲状腺ホルモンである点。蛾のホルモンが人間のそれと構造がなんら変わらないということは、人間の霊的進化にも重要な働きをしているということ、このホルモンが集まる甲状腺を攻撃するのが、人類が原発で作り上げた人工的な放射性物質である――そういう構図になっていることを理解していただけたと思う。

また、霊的な視点でみると、日本に54基ある原発のほとんどが、地震に弱い土地、津波に弱い低い立地にある。その立地には断層が発見されたという調査結果が、今ごろになってまとめられ始めたが、断層とは多くが竜脈と縁が深い。すなわち、竜の棲む場所に霊的封印をするかの如くに自然破壊の権化のような原発が作られてきた、ということである。

　話を元にもどそう。初代モスラはその象形文字の象徴として、「ケルト十字」に酷似した文様が用いられている点にも注目していただきたい。ケルト十字は、ヨーロッパに伝わる古代信仰の対象であるが、縄文文化とも深い関係があるとされている。これについては、隠された縄文の神「瀬織津姫《せおりつひめ》」を研究、探求されている音楽家・作曲家・作家の山水治夫氏の「瀬織津姫」シリーズに詳述されているので参照していただきたい。

　このように、モスラは縄文に封印された古代の神の復活を暗示させている。翻《ひるがえ》って瀬織津姫は水の神であり、龍神であり、母性の象徴神である。男性優位の競争原理を基礎とした、現在の社会から、循環、母性、調和を象徴する女性性の神に象徴される、女性系世界へのシフトを示しているとも言えよう。それが当時の時代の象徴ゴジラを倒した意味は大変大きい。それだけに我々に示唆する重要度が高いとみてよい。

　さらには、２０１２年に入ってからひとつのニュースが中日新聞によって報じられた。世界最大級のヒト型インフルエンザワクチン工場が、岐阜県に作られることが決定したというのだ。普通のワクチンは鶏卵を使うため、製造に数カ月かかると言われるが、このワクチンはなんと「蛾」の幼虫の細胞を使い、1日で80万人分のワクチンを作るとのことである。陰謀系に興味がある人の間では、ヒト型インフルエンザワクチンは、人類削減計画の一環であるとされている。

インフルエンザワクチンは、流行の傾向予測を立てて作られるが、一方、ウイルスの型が流行予測したワクチンと合致するとは言い難く、ワクチン接種に反対している動きもみられる。

この工場では、子宮頚ガンのワクチンも製造するとのことだが、こちらは犬の避妊薬と同じ成分が含まれていると報じる人がいて、決して接種してはいけないと言われている。真偽のほどはともかくも、ワクチン製造に「蛾」の幼虫とは、すなわち特撮やアニメに置き換えると「神」の象徴のような、モスラや王蟲に対する「霊的封印」ではないかと感じている。無論、製薬会社にこのような意図はないだろうが、この２０１２年のタイミングでそのような記事が出るということ自体、良くも悪くも「神はからい」であるように感じているのである。

3、ウルトラマン神話（概要）（火《ひ》・風《ふ》・水《み》の謎　「火（霊《ひ》）」の謎解き）

ウルトラマンシリーズについては、日本国民であれば老若男女、知らない人はほとんどいないのではなかろうか。「いざなぎ景気に沸いていた」昭和41年に始まった『ウルトラQ』、その続編として作られた『ウルトラマン』の謎と、神話の謎について読み解いていこう。

昭和40年頃は、映画が廃《すた》れ、テレビが台頭してくる変わり目の時で、特撮映画を製作してきた円谷プロがテレビに進出したのが、昭和41年製作の『ウルトラQ』『ウルトラマン』であった。

昭和41の「41」という数字、昭和41年の西暦が「1966」年であったことは、非常に重要な意味を持つ。この数は、日本古来の神道の考え方「数霊《かずたま》」とカバラ（漢波羅《カバラ》）に関係する。41という一見すると半端な数は、数霊によれば「カミ（神）」であり「ヒカリ（光）」を意味する。41は大宇宙の中心、地球の中心軸として他の数字から区別される、ともいう。数霊の九次魔法陣という数の曼荼羅《まんだら》があるが、この中心は41である。数霊では中心が41でカミ。曼荼羅とみたら大日如来《だいにちにょらい》。また宇宙の中心軸の神アメノミナカヌシともいえるであろう。

『ウルトラマン』が、いかに神話性と預言に満ち満ちた世界であったかを解いてみよう。また放映開始の1966年はキリスト教の密教的存在、カバラで解説すると22である。人類の集合意識を表す数とも言われる。また、前述の日月神示の「二二《ふじ》は晴れたり日本晴れ……」の謎に繋がっているのである。

西暦をカバラ数に戻す簡単な方法を説明しよう。西暦の千と百、十と一の位をそれぞれ足し合わせる。出た数字の十の位と一の位をさらに足すことにより1～9の整数に戻す。そのそれぞれの隠された意味

九次魔法方陣

31	76	13	36	81	18	29	74	11
22	40	58	27	45	63	20	38	56
67	4	49	72	9	54	65	2	47
30	75	12	32	77	14	34	79	16
21	39	57	23	41	59	25	43	61
66	3	48	68	5	50	70	7	52
35	80	17	28	73	10	33	78	15
26	44	62	19	37	55	24	42	60
71	8	53	64	1	46	69	6	51

を読み取るというものである。ただし例外的に、足し合わせた数が11と22の場合だけそのままにしておくというルールがある。

このルールに従って1966をカバラで読み解くと1＋9＝10、6＋6＝12→10＋12＝22となる。よって、1966年のカバラ数は22となる。22という数字は、トランプの元となっているタロットカードでは、寓意画《ぐうい》が描かれた大アルカナの数である。22番のカードの意味は『完成、約束された成功、旅』などがある。時の支配を受けぬ最強の数とも言われている。またヘブライ文字22文字や、セロフィスト（生命の木）の経路22本と繋がっているという説も存在する。

こういう特殊な意味を持つ年に、ウルトラシリーズが製作・発表されたことは偶然とは考えられない。製作開始が巳年というのも、後述する人類創生と蛇（巳）と合わせて興味深い。41という数字が、数霊では神を示すということは前述のとおりであるが、**ウルトラマンが初回放送された日を御存じだろうか。昭和41年7月17日である。7月17日は京都祇園祭《ぎおんまつり》の日であり、四国剣山の「神輿祭《みこしまつり》」の日である。**京都の祇園はユダヤのシオンから来ているという説を聞かれた方もいると思う。日本の言葉とユダヤのヘブライは、文字と意味が一致するものが数百以上あると言われている。

また一説によれば、剣山の神輿とは「アーク」のことであると言われている。映画『インディージョーンズ～失われた聖櫃《アーク》』にも登場する伝説の箱である。これを手に入れれば全世界の力を掌握できるという。世界のオカルチストやアメリカのCIAも、アークの埋蔵場所を探しているらしい。アークが剣山に隠されているという説については、アメリカが軍事衛星で剣山を24時間365日監視し続けていると言われていることも、その信憑性を裏付ける。

空海は中国・青龍寺で密教を体得し、アークを隠すために四国八十八か所の霊場で封印してきたという説がある。京都の町は平安遷都の以前より、風水上四神相応《ししんそうおう》の、吉相の土地の上にデザインされている。聖徳太子が、渡来系の同志であった秦氏のリーダー秦河勝《はたのかわかつ》に与えた蜂岡寺《ほうこうじ》は、今の広隆寺《こうりゅうじ》のことである。その地を太秦《うずまさ》と定めた。最初に京都を今の風水都市に仕立てたのは、物部氏であったという説もあるが、今回はそのことには触れず、『ウルトラマン』に話を戻す。

初回『ウルトラマン』の放映月日が意味ある日であったことを解説した。では、その番組のオープニングはどのような状態であったのか検証してみよう。混沌とした塗料の模様が左右二つの渦をなして、それが止まるとウルトラマンの文字が浮かび上がる。陰陽ふたつの螺旋が左右で回転している構図である。

神道系の研究者の中では、鳴門の渦潮《うずしお》の螺旋《らせん》と富士山の上昇螺旋エネルギーが陰陽を示していると説かれている。スピリチュアルに関心のない方にはよくわからないかもしれないが、要するに、『ウルトラマン』のオープニングからして、古事記に謳《うた》われたように、国生みの神であるイザナギ・イザナミが、天の沼鉾《ぬぼこ》（一種のかきまぜ棒）でどろどろの地をかき混ぜた伝承などを彷彿とさせている。古事記編纂1300年を迎えた今日、『ウルトラマン』のオープニングは陰陽の回転を示すと共に、国生み神話すら喚起させるように「仕組まれて」きたのである。初回『ウルトラマン』は、宇宙刑務所から脱走したベムラーを追いかけている最中、「竜が森」上空でウルトラマンと科学特捜隊のビートル号を操縦するハヤタ隊員が接触し、命を落とすというところから始まっている。そこでウルトラマンが、ハヤタ隊員に対して命を奪ってしまったことへの謝罪を述べ、命を2つもってきたのでこれをひとつ与えることを告げている。そしてウルトラマンとハヤタは一体となり、与えられたベータカプセルを使って「変身」することになる。

ハヤタ隊員の名前がどうして早田と書かれなかったか、村松隊長と書かずになぜムラマツとしたのか。一般論的には、国際化が広まった未来なので漢字表記がカタカナに変更された、というだろうが、裏の意味はそうではない。ハヤタ隊員は正式名を「ハヤタ・シン」という。勘のいいかたなら気づかれるかもしれない。「ハヤタ」は「ヤハタ（八幡）」の暗喩であるし、早いという意味から神話のスサノオノミコト（ハヤスサノウなどとも言われる）の暗喩でもある。また、名前の「シン」は「神」である。

もう一度おさらいしよう。「ハヤタ・シン」は「八幡神《はちまんしん》」あるいは「素戔嗚尊《すさのおのみこと》」と読み解ける。ハヤタの死で、「ウォークイン（魂が入れ替わる）」をしているのが、初回放送分の肝《ポイント》である。その日付が7月17日、剣山のアークの祭の日であり、京都祇園のユダヤ・シオンの祭の日だったの

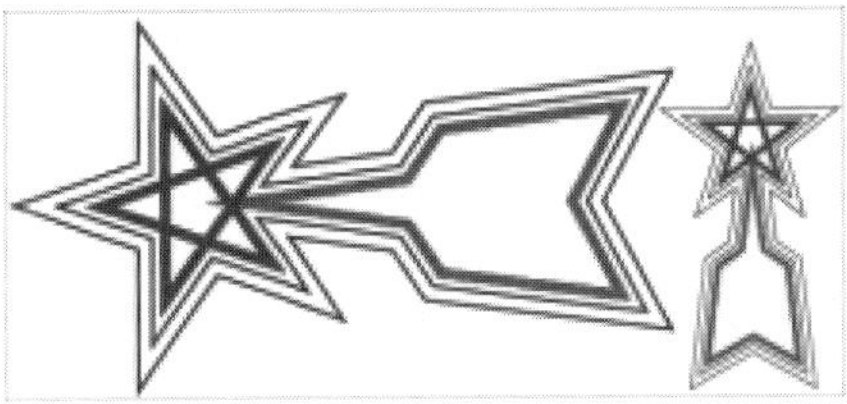

である。「神は細部に宿る」という言葉があるが、このように細かい部分を精査していくと、実に不思議なくらい神々の計画、神仕組みを知ることができる。

科学特捜隊のマークは「五芒星」を示している。平安時代の陰陽師、安倍清明《あべのせいめい》が使った魔よけの紋でもある。さらに他の事例も挙げてみよう。第7話の『バラージの青い石』のくだりである。このバラージという言葉はとても象徴的で、近年劇場公開された『ウルトラマン・ゼロ』にも一種のオマージュとして登場するほど有名なので、覚えておかれるとよい。

この話ではアララト山（ノアの方舟が漂着したと言われている山）の麓《ふもと》にバラージという謎の村が設定されている。ここで原因不明の旅客機の墜落が頻発しているので、科学特捜隊の隊員が、ビートル号に乗り調査をしにいくというシーンがある。しかし「オーロラ」状の強力な磁力線（電磁波）によって操縦不能になり、墜落してしまう。そしてバラージの村にたどり着くが、そこにいたチャータムという女性神官の案内で、神殿にあるウルトラマンが「青い石」を

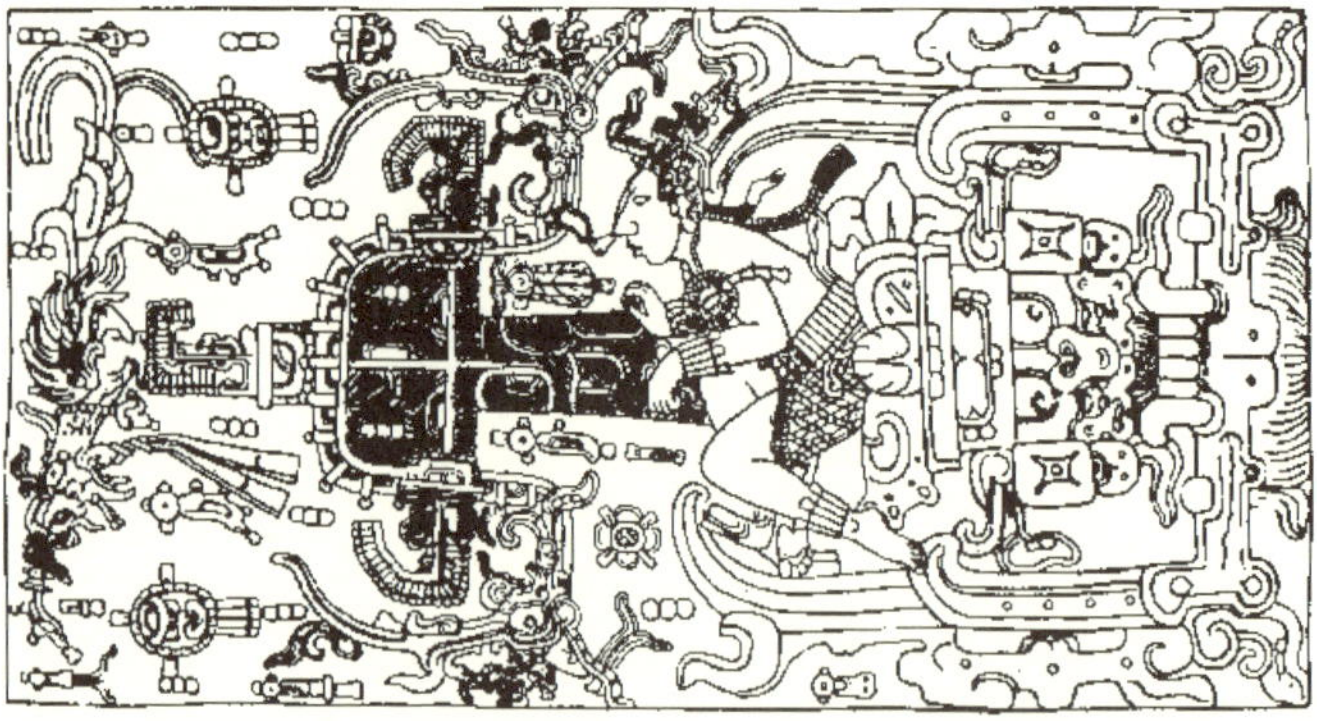

抱いている石像を見せられるのだ。
この映像では、先史文明の時代から地球外生命体によって、この地球が守られていると語られている。話はそこでは終わらない。この石像の後ろにあるのが「マヤ」の「パレンケ」にある最大の王の墳墓、パカル王の石棺の蓋の絵なのだ。
これは、画像を静止させることで現代でこそ確認できるレリーフなのだが、この絵は大変に有名で、パカル王が宇宙船にまたがっているところとか、先史文明の存在を示しているとも言われている。ここでこのレリーフが、ウルトラマンの背後にあるということは、マヤの予言が取沙汰されている2012年に近い時に、その謎が解き明かされることを示していたとわかる。
なぜなら、テレビ放映ではこの絵を確認できるのがほんの1、2秒のことで、仮に見られたとしても、深い意味がわからないままで終わっていたからである。各家庭に高解像度の録画装置(HDDレコーダ等々)が普及し、かつマヤに関心があるという、まさに2つの条件が揃っている現代こそ、その真意が読み解ける時なのである。さらに拡大解釈すれば、我々が現代の人間の姿になった経緯について、この『ウルトラマン』とレリーフの関係から「人類は猿からの進化などではない」こと、および「創造主」は地球外生命体であること、先史文明の地球人が宇宙を行き来してきたことなども暗示している。

『ウルトラマン』の戦いの中で、屈指の強さを誇るアントラーという怪獣が、第7話に登場することにも注目してほしい。キリスト教圏の考えでは「7」は神の数字であるのだ。「神像であるウルトラマン」の背後にマヤの遺跡を意図的に配置することで、マヤに関心が高まっているこの現代の神話であることも示している。そして磁力線、電磁波を出しているということは、以下

のようなことも暗示している。現在、気象・地震兵器として噂され、いくつかの証拠も出されている「ＨＡＡＲＰ」（高周波オーロラ活性プログラム）だ。この部分だけでも紙面が尽きてしまう勢いであるが、ウルトラマンの顔かたちはＵＦＯ研究家が目撃した「グレイ」と呼ばれる宇宙人そのものだし、マヤに残された遺跡でも宇宙人の顔はウルトラマン顔なのだ。

また「青い石」というものにも深い意味がこめられているようだ。古事記１３００年記念として、２０１２年３月11

日、ちょうど東北の震災1年後、東京銀座四丁目にあるサッポロライオンビルにて「古事記編纂1300年記念、古事記裏サミット」が開催された。ゲストの中には淡路島の古文化研究家でもあり、保存食の開発をしている「味きっこう」社長の魚谷佳代氏がおられた。

魚谷氏は知る人ぞ知る淡路島にある古代ユダヤ遺跡の研究をされている方である。魚谷氏によれば、2000年ほど前に、古代ユダヤ人が遠くイスラエルから葦船の大船団で日本の淡路島に上陸しており、古事記の国生み神話もそこで生まれたとされている。ユダヤの末裔は淡路を経由して徳島に移ったとされる話があるが、淡路島に古代イスラエルの遺跡が存在する。

現在ホテルニュー淡路グループの夢泉景ホテルの敷地内に、古代イスラエル遺跡の中で現存する最後で最大の22番目のものがあるのだ。筆者も2011年、2012年と2回訪れている。2011年の『月刊ムー』（学研）にも取り上げられているが、この遺跡が発掘された時にあったのがV字形に配置された「青い石」であったというのだ。古事記の国生み神話の謎と、古代イスラエルの遺跡の石など、非常に符合する内容がちりばめられている。

また、ウルトラマンの必殺技スペシウム光線についてもこんなことが隠されている。両手を十字に組むその姿は「神」と読み解ける。まず、キリスト教では十字にクロスさせるサインは神であるが、円谷英二はクリスチャンであったことも無関係ではあるまい。スペシウム光線の命名の由来について、ムラマツ隊長が「火星で同じ光を見た」というくだりがある。十字に組んだ両手から「火星」のスペシウムと同じ光が出る……ここに「火」というキーワードが出てくる。

もちろん先述したように、ウルトラマンはハヤタの命を奪ったことから魂を渡すが、ここでも言霊の力で読み解くと「霊《ひ》」という言葉が導きだされる。古来密教経典など、大事なことはあえて書かず、文中に秘すことがある。これは「文底秘珍《もんていひちん》」として、深読みができる人だけにわかる仕組みとなっているという。

『ウルトラマン』にも神々の大切な計画としていろいろな謎が隠されていたのだ。修験道、道教で使われる一種の魔除け、九字というものがある。これは升目状に手で十字の空拳を切る動作で邪を払う方法である。十字の交点が多数出てくる。魔物にとってはこの十字の交点が「目」にみえるのだという。その目の数を数えている間に逃げられるという。

また、表音の「ジュウ（Ｊｅｗ）」と言えば「ユダヤ人」の蔑称《べっしょう》とされている点もまた興味深い。キリスト教の元はユダヤ教だし、神道もまたキリスト教と深い関係にあるという説を、作家の飛鳥昭雄氏が唱えている。筆者もその節には肯定的であり、実際にいくつかその痕跡をたどる旅をしてきた。さらには、仏教ですら元をただせば、古代シュメール文明ではミトラ教とされ、仏教では弥勒、その他救世主《メシア》としてマイトレーヤ、またメシアとして信仰されてきた。大本教の教祖、出口王仁三郎は、「万教同根《ばんきょうどうこん》」を唱えていた。すべての教えの元は同じところからきているという。

今、世界の紛争の多くが宗教教義にまつわるもので、○○派と△△派は似て非なるもの、としてたがいに排斥し、紛争が絶えない。「万教同根」という考え方に照らせば、今の争いは本当に愚かでしかないといえよう。それぞれの教義を大切に、どれだけ皆仲良くできるかが本来あるべき姿ではなかろうか。マヤ暦の最後の年２０１２年のこと、先史文明のこと、淡路島の古代イスラエル遺跡のこと……はたして46年も前に、ここまで製作側が考えられたのだろうか。まさに「今」を示唆する内容が『ウルトラマン』であるという一端を知っていただければと思う。これが「火《ひ》・風《ふ》・水《み》」の火《ひ》（霊）の章の概要である。

※後ほど『ウルトラセブン』等の謎にも迫る。

4、仮面ライダーの秘密（火《ひ》・風《ふ》・水《み》の謎「風《ふ》」の謎解き）

初代『仮面ライダー』のテレビ放送は、昭和45年に開始された、石ノ森章太郎氏（故人）原作の特撮ヒーローである。日本人でおそらく知らない人がいないくらい有名だが、ここにも未来予言がいくつも書かれている。

モスラの項で**甲状腺ホルモンと霊的進化が密接な関係**にあることを記した。仮面ライダーは、悪の秘密組織ショッカーによってバッタと人間の合成を試みた改造人間として生み出されている。ライダーが脳の改造前に気づいて組織を脱出、ショッカーと対決するという話だ。人類進化（改造）に昆虫を当ててくるあたり、かなり意味深な内容である。

先述のとおり『仮面ライダー』の主人公、本郷猛は変身ベルトの中に仕込んである風車に風を当てることで変身するというスタイルをとっていた。変身するために丹田《へそ》に風を起こす……ということは丹田チャクラを開いて次元の扉を開くことも意味している。

さらに原作漫画には13の仮面ライダーが存在し、13番目の仮面ライダーが主人公であるという設定であった。13は不吉な数と思わせていたのは欧米だが、これは一種の洗脳であった。キリスト磔刑《たっけい》の日が13日の金曜日だからという説だが、仏教では十三仏、マヤでは13カ月と20日の組み合わせのツォルキン暦を使っているし、人類の生態とマヤ蜜蜂の生態が関係していることを古くから知っていた。マヤは蜜蜂の巣の構造から13×4＝52という数を導き、マヤの長老には52才までなれないのだという。13が不吉であるとするのは、吉祥であるが故にそのパワーを使われないようにするために、ある種の洗脳がなされてきたようである。

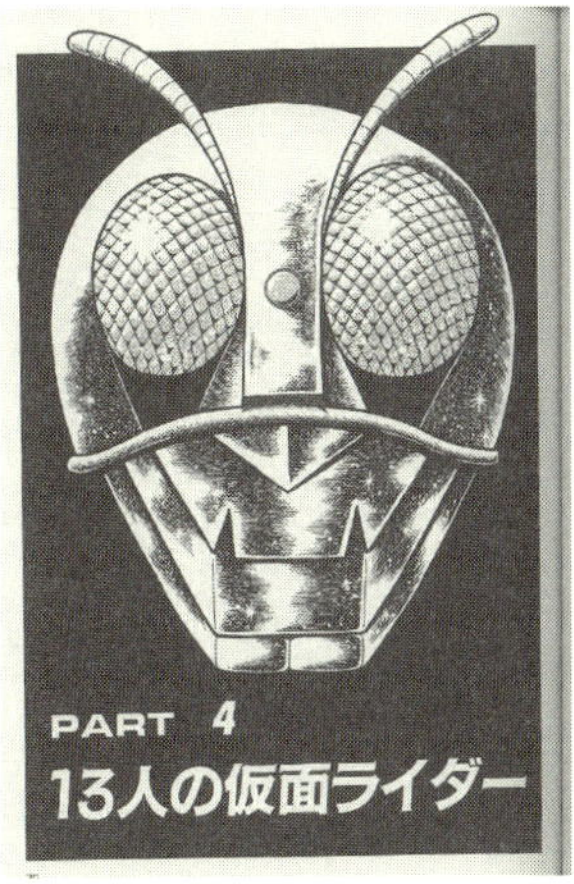

中央文庫コミック版「仮面ライダー」
中央公論新社

『仮面ライダー』はその構想当初、原作者の石ノ森章太郎氏が、ガイコツの仮面をかぶった「スカルマン《ドクロ男》」として企画を提出したのが起源だ。しかし子供番組故にスポンサーが反対し、ご子息が「バッタが髑髏《ドクロ》に似ている」ことを石ノ森氏に告げたことから、初代ライダーの顔が決まったという経緯がある。これを踏まえて考えると、13のライダーは13の髑髏を想起させるではないか。

13の髑髏とは何か。マヤでは、現在もなお、その精妙な研磨技術が当時に存在したかどうか疑わしいといわれる「クリスタルスカル《水晶ドクロ》」が遺跡から発掘された。特に、映画にもなったインディージョーンズシリーズ第4作『クリスタルスカルの伝説』にも描かれているように、13のクリスタル髑髏が揃うと「何かが起きる」と言われている。まさに昭和45年に放映開始された『仮面ライダー』の原作（もっとも原作よりも放映が先で、原作はその直後の後追いではあるが）に13クリスタルスカルを彷彿とさせる記述が存在する。

中央文庫コミック版「仮面ライダー」
中央公論新社

初代仮面ライダーは主役の藤岡弘が撮影時の事故で主役を降りることになり、急遽脚本を変更して仮面ライダー2号、一文字隼人の設定を作りドラマを繋いだ。

要するに、初代仮面ライダーは2人で1人のような話だといえる。ここに2人という意味の「二《ふ》」、風車の回転が変身の

▶ライトの点滅とともに語り出すショッカー首領（右）。そして、最終回に現れた首領。その正体は何か⁉（左）

文藝春秋　「ウルトラマン対仮面ライダー」

機動力になるという「風《ふ》」の暗示がみられる。

ちなみに仮面ライダー2号役の佐々木剛は当時自動二輪の免許がなく、1号のように「バイクの加速で得た風で変身」ができなかった。免許が取得できるまで撮影を待てなかったため、苦肉の策の「変身ポーズ」で変身させることにした。これが逆に「変身ブーム」を生んだ。当時の変身ブームは、実は仮面ライダー2号からだったのである。

変身ブームの火つけ役となった2号の誕生日の設定は1949年10月10日となっている。十は神の数ということからもここに「神」の存在を示していたのであった。原作漫画の顛末《てんまつ》についてはすでに泉パウロ氏が暴露しているが、次のような内容であった。日本人類を洗脳するため、富士山頂上に巨大な電波発信装置を置き、国民一人一人に総背番号制を導入して、奴隷のように使う計画「オクトーバー《10月》プロジェクト《計画》」が政府主導で進められており、ショッカーはそれを途中から乗っ取り、政府の意向を成就しようとしていたというものである。
２０１２年、巨大な電波塔である東京スカイツリーが完成した。民主党が進めてきた「国民総背番号制」、そして実は10月は巨大地震の計画が進んでいたという。それらを霊的に阻止するという目的もあり、有志諸氏により「アセンションジャパン２」という講演会が催された。日本で災害が予測される４カ所（鹿児島、大阪、東京、北海道）での縦断講演となった。スピリチュアル界で活躍されている方々に講演をしていただくというもので、かくいう私も新大阪で行われたイベントに参加したのであるが、大変意義深いものがあった。

この他、仮面ライダーシリーズの敵には「ゴッド」という組織もあり、これは、神の名を語る悪魔の組織が、この世に出てくることも示唆しているのが興味深いところだ。初代仮面ライダーの首領の顔はテレビ版では「一つ目の化け物」であった。これはフリーメーソンが使う「すべてを見通す目《All seeing eye》」を示している点も付記したい。

昭和45年過ぎに社会現象として取り上げられていたのは、当時、「仮面ライダースナック」（カルビー）に付属された「仮面ライダーカード」収集熱と「変身」ブームであろう。前者は世代によっては共感されると思うが、袋菓子の中からカードだけを取り出し、スナックは袋ごと捨ててしまうということが問題視されていた。現在、トレーディングカードと形を変えて子供たちの間でやりとりされているものの原点だ。

後者は「変身」という流行語を作り上げた。この「変身」という言葉は、現代のスピリチュアル系の方の中では「アセンション」「変容」「次元上昇」などとして語られている。ただしその解釈はまちまちであり、実際のところはその時期が来てみないとわからないという人もいる。時代の変容に敏感な人たちの間では、「アセンション」はその深い意味は別として気軽に使われている言葉のひとつでもある。前述の「変身」の言葉は『仮面ライダー』が初ではなかった。同時期にタッチの差で先行発刊された『変身の原理』があげられよう（詳細は後編で記述する）。

5、戦隊もの、大魔神の秘密等（火《ひ》・風《ふ》・水《み》の謎　「水《み》」の謎解き）

火《ひ》・風《ふ》・水《み》で語る「水《み》」の謎解きの詳細は中、下編で詳述するが、概要はこうである。「水《み》」は「3《み》」。2つ以上のもの、多くのものを意味する。水に関することは勿論、巳《み》、身《み》、己《み》とくれば、人類創世に蛇（龍）が関与したことを暗示するように、人類の「身《み》」に「巳《へび》」が、そして巳《へび》は己《おのれ》と読み解ける。

マヤ・キチェ族長老は、人類創世に龍（マヤでは羽毛の生えた蛇、ククルカンを神とする）が関与したというし、ニュージーランド最古級のワイタハ族長老もまた、人類はシリウス、オリオン経由で地球に龍として降り立ち、イルカやクジラなどに変容して、最終的に人間となった旨の話を語られている。また、彼らは水を運ぶ民という役目を負っているという。

これらのことから、水の謎は膨大な語りとせざるをえない。今回は概要のみにとどめる。「み」はもちろん3と解釈して「多い」と読み解き、特撮ヒーローに置き換えれば人数が多い、ということになる。神々の計画で、こどもたちにチームワークの大切さを教えるために「戦隊シリーズ」を作らせて、薫陶《くんとう》してきたと解釈しても面白いだろう。

戦隊シリーズは、石ノ森章太郎氏の『ゴレンジャー』が初と考えられる。要するにチームで戦うというもので、『仮面ライダー』のように一対一の戦い、あるいは一対多（多は敵側）の戦いが変化した瞬間であった。速さを得意とするもの、力自慢のもの、華麗に戦うものなど、正義の味方もそれぞれ個性を発揮し、チームとして敵に勝つというスタイルである。これもまた、これからの世の中を変えていく動きは巨大組織ではなく、少人数で迅速に意思決定、実行できる部隊が必要であると言われているようだ。

また『ウルトラマン』初回放送の1966年に「三」部作として製作された『大魔神《だいまじん》』の中にも、最後、湖の水となって消えるものすらある。「大魔神」の裏読みとしては「大麻神《だいまじん》」と読み替えることができるのではないかと密かに考えている。

大麻はもともと神事に用いられ、霊的波動が非常に高いと言われている。荒地でもよく育ち、その土地を改良する。繊維はベンツなど高級車の内装、実はナッツとして供される。巨大な船をつなぎとめるロープは化学繊維では無理で、必ず麻を用いる。それくらい強度があるものだ。

麻薬と混同されているが、麻薬の定義にはあてはまらない。タバコより依存度ははるかに小さく、大麻で亡くなった人はただの1人もいないそうである。麻は実は霊的な力が強いために、戦後GHQが禁じ、大麻取締法が制定されてしまった。封印された神「大魔神」と「大麻」の関係が言霊的にわかる話ではないか。

ハイテク技術が共存する日本が、世界に誇るコンテンツの一角が、これら特撮、アニメの類である。サブカルチャーと低くみなされてきたこれらの文化的遺産が、実は現代への警告、預言、神話であったことを知っていただくことも本書の狙いである。今回は「上の巻」として代表的事例を取り上げた。

「中の巻」はさらに内容を掘り進め、『ウルトラセブン』と修験道の関係、日本の代表的アニメ史の中での予言等の話も交えて、日本という国の底力を知っていただきたいと思う。

「中の巻」

「上の巻」では火《ひ》・風《ふ》・水《み》前編として特撮映画、特撮ヒーローの話を展開した。日本ではこの特撮関連番組は昭和30年~平成の現代に至るまで、おびただしい数が作られてきた。表面的にはキャラクター商品を売るため、という商業的背景があるものの、神々の計画からみるとすべては計画どおりに進められてきた。

陰謀系の話で「3S計画」というものをご存じの方もいるだろう。フリーメーソンには人類を洗脳して家畜として使う計画があったという。略して「3S」——スポーツ、セックス、スクリーンの頭文字である。大衆が喜ぶこれらによって本当に大切なものに蓋をして、どうでもいい情報を世間にばらまく。現在の地デジ放送番組はその筆頭にあげられよう。またその一方で、人類から金、物を搾取し覚醒する機会を奪い、知らず知らずのうちに奴隷化を進めるというものである。

日本神界では、これらの霊的洗脳計画に対し、特撮作品を日本人に作らせることで防御してきた。『ゴジラ』では原子力の恐ろしさを、『ウルトラマン』では先史文明の存在と、宇宙人が地球人を守護していたこと、宇宙人との異種交配、ウォークインとよばれる異星人との魂の交換、レプタリアンとドラゴニアンの戦いなどを暗示してきた。『大魔神』は大麻のカミの怒り、封印されてきた国津神の復活、水を象徴とするカミからの警告などが表現されてきた。『仮面ライダー』では「悪」から「善」へという変化を語り、絶対的善ではなく猛省の中から「善」が生まれること、バッタに象徴されるドクロの頭と13クリスタルスカルを暗示していた。台風の一種の呼び方である「サイクロン号」というバイクに乗り、風を受けることで変身ベルトの風車を回し、その起電力で変身する仕組みは、丹田チャクラと人類変容の謎を示唆した。

特撮では「ミニチュア」が多数作られてきた。ゴジラが倒した銀座和光ビル、モスラが繭を作った東京タワー、そして昭和の家々。もちろん等倍で作れない為ではあるが、ここに一つ注目していただきたい。「ミニチュア」とは「雛形」のことであった。出口王仁三郎の言葉によれば、日本列島は世界の国々の「雛形」であるという。

本州はユーラシア大陸、北海道は北米、四国はオーストラリア、九州はアフリカ大陸等の対比があげられている。これは形状が相似形であるだけでなく、日本で起きたことは、世界でも起きる、と言われている。この説は古神道や、数霊《かずたま》等、神道系では広く常識化されているのだが、特撮で必須のミニチュアも「雛形」だというのが筆者の主張である。ミニチュア=雛形論と考えれば、日本での事象が世界にいかに影響するかという話になってくる。

『ゴジラ』に象徴される着ぐるみの発想は、当時の西洋人にはなかったようである。フィルムで人形をコマ撮りする手法は考え付いても、怪獣を「着る」という発想がなく、「どうやってこの機械を動かしているのか」という質問が出たそうだ。神道でも、能でも、装束に身を固めることにより「神」が乗るという考えが根底にあるとみているが、着ぐるみもまた、ゴジラという「神」を着ることで「神芝居」ができていたのだ。

別の言い方をしよう。日本には紙芝居という昭和を想起させる大衆娯楽があった。物語の主要な場面を絵であらわし、人が効果音を含めてセリフを言うというものだ。幼児期に見た方も多いと思う。ここでいう紙芝居は「神芝居」なのである。すなわち「予定調和的に、配役に従って『善』と『悪』の戦いを繰り広げる」、絶対的な悪も絶対的な善もない世界。

ハリウッドのSF映画がリアリティの追究をウリにする一方、日本の特撮には「見立て」の美学が存在している。「盆栽」の中に大きな磐座《いわくら》を見立て、大自然や大宇宙を想起させるのと同様の仕組みが施されているのである。

前者はリアリティ追究を推し進め、試聴者に対し他の想像をさせない、絶対的洗脳世界への誘導の始まりとみている。なぜならば、視聴者側はいささかのインスピレーションも与えられず、製作側の意図によってなかば強引に「作られた世界観」に引き摺りこまれるからだ。自由な発想が許されない世界だ。これは、ディズニーの世界観でも同じことである。世界観維持のためならどんなことでも惜しまずやるというのが彼らの考えだ。

後者の日本の特撮は、前述の通りミクロの中にマクロを「観る」仕組みであり、イマジネーションを喚起させる。想像とは創造であることを言霊を通して暗に示しており、視聴者が想像することですべての作品が完成すると考えると、どちらが自然の摂理や神の意向に沿っているかは一目瞭然であろう。

一切の気づきを封印して洗脳を推し進める西欧の映画と、さまざまな「型」と「気づき」、視聴者がいて初めて全体が完成するという仕組みの日本の特撮映画。歌舞伎や浄瑠璃の世界でも黒子《くろこ》や黒子がもつ棒などは「見えていない」、という了解の下で演じられている。見えていてもなきこととして振る舞え、理解される日本の精神性は、逆に「見えなくても」あるという世界としてふるまう「神」の世界へと通じる。見えないもの（大自然）への畏怖心。そして神々への畏敬《いけい》の念の象徴としての特撮映画がそこにある。その畏敬の念を映写機で投影させて見る行為が、すでにある意味で御神事となっているのである。

フリーメーソンらが考える、スクリーンを洗脳装置として使うやり方とは真逆である。同じものを使っても「月とすっぽん」の結果を生む。『日月神示』でいう「神一厘《かみいちりん》」の違いとはこのようなものも指している。ハリウッドSF映画は「見えるものが全て」の洗脳ともいえるだろう。宇宙を題材にした映画などは、UFOに関する機密情報が暴露されはじめた1970年代を境にして、多数ＳＦ作品として作られてきたが、情報操作するための作品であった。『スターウォーズ』『未知との遭遇』『スタートレック』をはじめとする、今や古典の部類に入る作品群から現代の作品にかけて一貫している。

宇宙人を侵略者から友達にした『Ｅ・Ｔ』、地球外生命体が既に地球上に多数存在することを臭わせた『メン・イン・ブラック』シリーズ。これらですら情報誘導、言い換えれば洗脳であり、娯楽化することで「本当はこんなことはありえない」と思わせるためのものである。ただしこれらの作品には真実の部分もあり、容易に裏の意図を感じさせないように人心を操作する研究もされてきた。

それに対して日本の特撮は、神々の計画の下でクリエーターを動かしてきたものなので、「時期がきたら、わかる人に対してわかるように」仕組まれているのだ。表面だけ見る人には単なる子供向けの番組で終わってしまう。アインシュタイン博士がかつてこんなことを言っていたそうだ。「私が成功したもっとも大きな理由を挙げれば、大人になっても『子供の心を失わなかった』ということである」。

大人になっても、かつての特撮やアニメを懐かしんで関連グッズをコレクションする人がおり、「海洋堂」というフィギュア専門会社があるということもまた、日本の謎のひとつであろう。かつて、みうらじゅん氏が子供のころから仏像にあこがれ、スクラップブックに仏像の切り貼りをしたり、日本の仏像を、いとうせいこう氏と見てまわったりすることも、神仕組みの一つのあらわれである。これらの根っこは同じなのである。彼もまた「みえざる手」に衝動的に動かされている象徴のような存在といえるだろう。

また、かつてこんなエピソードがあった。20年ほど前に海外の人が「日本のサラリーマンが電車の中で漫画を読んでいる。大人なのに信じられない」と意見したことがあった。彼らが、「漫画など、取るに足りない子供向けのもの」と洗脳されている証左であろう。

かつて石ノ森章太郎氏が漫画のことを「萬画」と表現してきた。「萬《まん》」とは「全て」を意味する。全てのものを画として表現できる可能性を示唆していた。そこには巨大な映画のセットも大勢のスタッフも必要ない。紙とペンがあれば成り立つ。言い換えてみよう。「神と・ペン（筆）」さえあれば「降りてくる神の意図のまま、描けばよいのである」。

日本人の心象風景の深部に、アイコンとして刷り込まれたのが、特撮キャラクターの多くである。これは世代を超えた共通認識と、思想ベースに働きかける仕掛けであった。ではいくつかの事例を挙げてその仕掛けを読み解くことにしよう。

1、ウルトラセブンに隠された謎　（火《ひ》・風《ふ》・水《み》の火の章）

『ウルトラセブン』は1966年に放映された『ウルトラQ』、『ウルトラマン』の続編として

千光寺　行者堂　役行者・前鬼・後鬼像

放映された。そのミニチュアの完成度の高さと、大人向けの社会風刺をベースにした作品群には、未だに根強いファンがいる。ただ、そうした世界観の中で満足するだけでは、神々の計画は読み取れない。単純に考えて『ウルトラマン』の次なら『ウルトラマン2』とか、『続・ウルトラマン』という名前の方が、前後の関係がわかってよいと思われないだろうか。なぜ〝セブン〟なのか。1から7への謎解きをしていこう。

古来より「門より入るものは家珍《かちん》（家宝）に非《あら》ず」と言われ、謎は自分で読み解くほうに値打ちがあるものであるが、それはさておき筆者の解はこうである。セブンというものには意味がある。ウルトラといえば超越したという意味であるが、人を超越したものとして古来より、仙人とか修験者という存在が語られている。特に修験道といって深山幽谷に分け入って修行し、エネルギーの高い山々から通力を得て里に下り、祈祷などを行って人々を救うという修験者たちが存在した。修験道といえばその開祖「役行者（小角）」が有名だが、前鬼・後鬼という一対の「式神《しきがみ》」を使ったことでも知られる。昨今の安倍清明《あべのせいめい》ブームで、式神という一種の妖怪を使役することを御存じの方もいると思う。

また古くは、映画『帝都物語』（実相寺昭雄監督作品）でも式神は登場しているが、実相寺監督は、秋葉系のマニアからは「神」認定を受けている方でもあるし、劇場版『ウルトラマン』の監督や、テレビ版『ウルトラマン』のジャミラが登場する作品（故郷は地球）の監督でもあった。この自分の分身として、式神という妖怪を使うという点に注目していただきたい。ウルトラセブンは、自分が変身できない場合等、一時的にピンチを救うために「カプセル怪獣」というものを使う。「ウインダム」「ミクラス」「アギラ」等、6種類ほどのカプセルが存在するが、これらは式神だったのである。

修験道のメッカは大和葛城山《かつらぎやま》や金峯山《きんぷせん》であるが、全国の高い山には白山修験、伊吹修験、高賀修験など、山々の名前を取った修験道の山伏が多数存在した。「蟻《あり》の熊野詣《くまのもうで》」で知られるように、多数の参詣者がいた熊野地方には、『九鬼文書《くかみもんじょ》』という古文献が存在する。これに関する研究はまだ多くはないものの、要するに日本の歴史書には載っていない、日本の裏側について書かれた書物である。しばしば偽書扱いされてきているが、九鬼文書の『熊野修験指南抄』の中の「役行者印度最所事並行者出生事」には、釈迦以前に生まれた過去七仏（釈迦の転生7番目を含む）のうち、迦葉仏《かしょうぶつ》が6番目で7番目は役小角《えんのおづね》であるとまで書いてある。すなわち釈迦と役行者は同体とみているのか（時空を超えて）、同じく「7回転生」したことが書いてあるのだ。次のような資料もあるので参考にしていただきたい。『九鬼文書の研究』（三浦一郎　八幡書店）

http://www.hachiman.com/books/89350-201-8.html

近代日本の新宗教の多くの源流となった大本教の開祖、出口なおは、九鬼文献のことを次のようにいっている。

「あやべ九鬼大隅守と申すものは、これは因縁のあることざぞよ。この因縁が判りてきたら、どえらいことになるぞよ」

サイト、「原田　実 Cyber Space」(http://www.mars.dti.ne.jp/~techno/column/text5.htm)には、このように書いてある。

～引用開始～

「九鬼文献」とは、本丹波国綾部藩主・九鬼旧子爵家に伝わった歴史・神道・武道関係文書の総称である。『二宮尊徳翁夜話』には、綾部の九鬼侯から所蔵の神道書十巻を見せられたという話が出ている。もっとも尊徳はそれに興味をそそられず、「無きも損なきなり」と断じており、そのくわしい内容は不明である。現在、「九鬼文献」として知られているものには昭和十六年、太古史研究家の三浦一郎が時の当主・九鬼隆治からの史料提供を受けて著した『九鬼文書の研究』(八幡書店より復刻あり)と、武道家・高松澄水が昭和十年頃、筆写した『天津蹈鞴秘文遍』全三六巻(未公開)がある。

さて、『九鬼文書の研究』には、歴史篇として、太元輝道神祖なる始源神に始まる長大な神統譜が掲載されている。その中には、スサノオの姉と、スサノオの娘というふたりのアマテラスを挙げ、天皇家は後者から発したとする系譜や、ウガヤフキアエズ王朝七十三第の存在が記されている。さらにその系譜によると、日本の神々の子孫は遠く海外まで広がっており、たとえばノア、モーゼ、イエスはスサノオの、釈迦はツキヨミの血をそれぞれひいているという。この歴史篇は主に『天地言文』なる古文書を典拠にしたというが、実は『天地言文』が本来、九鬼家に伝わっていたものかどうかは疑わしい。

昭和二八年、三浦は『九鬼文書の研究』出版にまつわるトラブルの一端を著書『ユダヤ問題と裏返して見た日本歴史』（八幡書店より復刻）で明かした。それによると、三浦は『天地言文』の写本を見た時、「遺憾ながら極最近に書換えたものである」ことに気づいた。そこで原本の提出を求めたが、隆治は原本は書写後、焼き捨てたという。その内に九鬼家の書生だった藤原某が持っているはずだということが判明した。そこから先の経緯について三浦は明言しようとしない。ただ、『九鬼文書の研究』で公表した史料は、正しくは「大中臣文書」というべきだったと奥歯に物のはさまったような言い方で真相を暗示している。おそらく『天地言文』は九鬼家に本来伝わっていたものではなく、九鬼家に出入りしていた神道家・藤原俊秀が持ち込んだものなのだろう。九鬼家は藤原氏を称していたから、隆治は同族のよしみで問題あるまいと考え、それを三浦に提供した。

～引用おわり～

大本教発祥の地、綾部と九鬼文献ゆかりの地が同じであること、そしてウシトラノコンジンについても言及されている。昨今有名ブロガーの中にはウルトラマンとウシトラノコンジンは同じだという説を唱えている人もいるようだが、26年ほど前にこの話を知人にあかしたことがある。

今となっては先に世に出したもの勝ちの世界であるので多くは言及しないが、筆者は裏付け資料が乏しい当時から、深い意図があると直観で感じていた。ではまた先ほどのサイトから引用するとしよう。

～引用開始～

「宇志採羅根真大神《ウシトラノコンジン》」

「九鬼文献」の『鬼門祝詞』は宇志採羅根真大神という神の御神徳を讃えるものである。「そもそも宇志採羅根真大神と申し奉るは、すなわち造化三神、天神七代、地神五代、陰陽の神の総称にて、日月星辰、三千世界、山川草木、人類禽獣を始めとし、森羅万象の万物をして宇宙の真理より創造大成せらるる大神の御事なり。

曰く、天之御中主大神。曰く、高御産霊大神。曰く、神御産霊大神。曰く、伊弉諾大神。曰く、伊弉冊大神。曰く、天照大御神。曰く、月夜見大神。曰く、建速素盞嗚大神。を奉斎主神とし、総じて宇志採羅根真大神と崇め給ふ。

ここに全世界、地球をして東西に分ち、その東半球の北東の国、万国の丑寅の国は，わが大日本豊葦原瑞穂国とす。すなわち全世界をして創造大成するの任にあたる所以なり。宇志採羅は、宇宙真理の根元なり。（以下略）」

丑寅（艮）は陰陽道では鬼門といわれ、祟り神の金神が潜む方位とされる。ところが「九鬼文献」はその忌まれる神・艮の金神こそ万物の創造神であるという。この神が『天地言文』の始源神・太元輝道神祖と関連付けられていないのも、その所伝が本来の九鬼家のものであったことを暗示する。森克明は宇志採羅根真大神が、延享二年（一七四五）、綾部本宮山に創建された九鬼魂神社の祭神だったのではないかとする。

～引用おわり～

要するに筆者が言いたいのは、「九鬼文献」で書かれている、釈迦を起点として7回転生したものが、**修験道の開祖、役小角であるという点である**。それが大本教とつながっており、預言されていたウシトラノコンジンが復活するという点と、『ウルトラマン』の謎が符合するという点、また象徴的な『ウルトラセブン』のカプセル怪獣が式神であり、役行者が式神を使うと伝わっていることと符合するという点である。役小角は、時の権力者から霊力の高さを恐れられて伊豆に流されているのである。すなわち、闇の世界のマイノリティともいえるだろう。

翻って『ウルトラセブン』であるが、『ウルトラマン』の「跡を継ぐ」かたちで「セブン」すなわち7代目がきていることからも役行者を示唆しているのである。また、主人公はモロボシ・ダンという。諸星とは何か。古事記に謳われる伊弉諾命《いざなぎのみこと》は、黄泉平坂《よもつひらさか》というあの世とこの世の境で元妻の伊邪那美命《いざなみのみこと》との夫婦喧嘩の後別れて、禊《みそぎ》をした。この際に生まれたのがアマテラス、ツクヨミ、スサノオであった。諸星とはこの内、海を守れと命令されたスサノオを暗示している。

なぜならば、ここでいう「海」とは宇宙の大海原を示しているのである。普通に海と解釈すると意味がわからなくなってしまう。上の巻で書いたように、スクナヒコナという神も海を渡ってきたことになっているが、海は外宇宙と考えたほうが理解しやすい。蛾の羽をまとったその姿は、まるで昔のSF映画の銀色のぴったりしたスーツのそれ、である可能性が高いからだ。蛾の羽と表見するしか該当するものが見当たらない時代ならではの表現であろう。

スサノオが統治をまかされた海、そこには諸々の星がある、すなわち諸星、モロボシなのである。ではダンとは何か。日本の隣国である韓国創生神話には「檀君」という神がいたというが、出口王仁三郎氏の『霊界物語』では、スサノオが朝鮮に渡って朝鮮神話の「壇君」になったとされる。壇君は牛頭山《ソシモリ》であり、牛頭のダゴン神であるという説や、イスラエルの十二氏族のうちのひとつ「ダン」族から来た説など、気にかかる暗示がある。

いずれにしても、神々の計画の証左と捉えてよい。ウルトラセブンは自分の頭の上についているアイスラッガーという、マイノリティ《少数民族》が使うのと同じブーメラン系の武器を使っているので、マイノリティな神ともいえ、その意味では後者のダン族とみるべきかもしれない。要するに、主人公の名前が既に神話に彩られていたということである。

ウルトラセブンはウルトラアイというメガネ状の変身アイテムによって変身する。ここで少し興味深い話をしてみよう。密教には「マタの浄眼」という観想（一種のイメージング）があり、「マタの浄眼をもって道場をみるに諸仏、諸菩薩虚空に遍満したまえりと感ぜよ」という修行がある。これは何もない空間（ここでは密教道場）にこそ諸仏、諸菩薩が存在しているという。

イメージだけでなく最近話題になっている「ヒッグス粒子」のことも暗示している。何もない空間をどうして思念が飛ぶのか、ということが、このヒッグス粒子の理論で分かる日がくるかもしれない。目に見えない微細な世界では我々はすでに「満たされている」ことを思え、という語りかけでもあった。

アイスラッガーという宇宙ブーメランを使い、怪獣を切り刻んで倒すのは、ウルトラセブンの必殺技のひとつである。ブーメランを使うのはネイティブアメリカン、昔風に言えばインディアンやアボリジニというようなマイノリティといえるだろう。マイノリティの多くが、太古の昔から先祖から受け継いだ伝統と真実の教えを伝える少数民族を象徴している。であるから、マイナーでありながら、人類創世の謎や宇宙の仕組みについて口伝で伝えているネイティブの活躍をも暗示しているのである。

登場人物をさらにみていこう。アマギ隊員は名古屋出身の科学者という設定であるが、アマギとは天城である。先ほど『ウルトラセブン』が役行者を示すと書いたが、役行者が流れたのは伊豆大島で、伊豆（天城）と無関係ではない。実は天城というところは、フィリピン海プレートが日本列島にぶつかってできているので、特殊な溶岩が産出される。地元では天城石《あまぎいし》と呼んでおり、コンクリートに混ぜ込んでつくると水漏れが一切ないと言われている。3・11の震災の後作られた、岩井俊二監督作品である対談形式の映画『friends after 3.11 vol.2』（BSスカパー無料放送版）によれば、環境問題に詳しい活動家、田中優氏が紹介していたのは放射線を遮断できる石で、天城抗火石《あまぎこうかせき》であった。以下はその関連サイトである。

http://www.geocities.jp/amagi95/amagi/haisui/stone.html

これも、この時代になって初めて気づく証左である。加えて隊員の中にソガという者がいる。日本人でソガといえば蘇我と書くであろう。この文字をよくみて欲しい。「我《われ》、蘇《よみがえ》り」である。すなわちキリストの復活を暗示している。また厩戸王子《うまやどのおうじ》（聖徳大使）の従者であった蘇我一族をも想起させるのだ。子供向け番組の隊員名にわざわざソガを使った意図はなんであろうか。これも単なる偶然ではない。

２０１２年は古事記編纂１３００年目にあたるが、前編で示したとおり、著名な古文献ほど歴史を真正面から書いているわけではない。いろいろな隠蔽工作《いんぺいこうさく》や比喩、改竄《かいざん》が行われており、蘇我一族もその中で殲滅《せんめつ》されてしまったため、真相は闇の中である。蘇我入鹿《そがのいるか》に代表されるように、悪役に仕立て上げられた人の、冤罪を晴らす必要性をも感じられる。そのソガ役の阿知波《あちは》氏は実生活に於いて女優・多岐川裕美の夫であったが自殺されてしまった。まことに残念ではあるが、不謹慎を承知の上で言えば、「蘇我」役は死を持って示すダイイングメッセージと解釈すれば、彼の今世の役目の意味もわかるように感じている。

アンヌ隊員について特筆すべきは、ダンに対して恋心を抱いていたにもかかわらず、最終話でダンから「俺はウルトラセブンだったのだ」と打ち明けられ、別れを告げられるシーンが印象的だ。

「明けの明星が輝くとき自分は帰らなければならない」という意味のセリフが白眉《はくび》である。なぜなら役行者の暗喩であれば、明けの明星、金星が輝くときとは……金星が天狼星シリウスとの航行を可能としているゲートがあること、そして密教でいう虚空蔵菩薩《こくうぞうぼさつ》を本尊とした「求聞持《ぐもんじ》法《ほう》」をも暗示しているのである。虚空蔵菩薩「求聞持法」を成就すると、一度見聞きしたことは決して忘れることがないという、記憶力増大法であるともいう。

弘法大師空海も、室戸岬の洞窟で明けの明星を凝視しながら、この法を成就した後、唐に渡り、中国東寺の恵果阿闍梨《けいかあじゃり》から、２０００人の弟子を差し置いて、密教奥義全てを伝授されたとされる。朝廷より20年の修行を申し渡されたにもかかわらず、3年経過せずに帰国できたのはなぜか。

その絶大なる記憶法としての求聞持法の功徳であろうか。

求聞持法の功徳を裏返すと記憶力増大というより、むしろ今のコンピュータネットワークのひとつの形態、クラウドコンピューティングに近いものであろうと推察する。虚空＋蔵と言葉を分解してみよう。みえないところにある蔵である。パソコンで言えば外部のHDDストレージやクラウドシステムに保存されたデータ類とみることができる。ホストコンピュータの膨大なデータに瞬時にアクセスして、必要なデータをダウンロードする形と同じというのが本当のところではないかと考えている。一個人がどんなに記憶力が優れていても、記憶にないものまで表現することは不可能である。古来よりシリウスは、アカシックレコードと呼ばれる大宇宙全ての情報を内包している星であると言われている。

虚空蔵とはサンスクリットで「アカーシャ」すなわち「アカシック」を意味している。さらには虚空蔵菩薩の眷属《けんぞく》は「うなぎ」と呼ばれているが、これはもともとの眷属である「蛇」が気味悪がられるためにうなぎを当てたと伝わっている。どちらにしてもその形より「龍」が想起される。

ニュージーランド最古の民族、ワイタハ族の長老テ・ポロハウ師によれば、人類創世にかかわったシリウス系星の生命体はもともと龍（蛇）の姿であり、太古の地球環境に適応するために、イルカやクジラに変容した後、最終的に人間の姿になったと言われている。

これらを勘案するとウルトラセブンが明けの明星と共に去ったというシーンに、万感の意味が込められていたのだとわかる。

また『ウルトラセブン』に出てくるウルトラ警備隊の隊長はキリヤマだが、ここにも大きな謎が隠れている。

２０１２年には、ホゼ・アグエイアス氏がマヤ暦の最後と計算した12月22日を迎えたが、マヤ暦の謎について多くを知る長老と言えば、中米グアテマラ国のマヤ８００万人の中、１４０名余の神官の頂点に立つ、キチェ族第13代長老、アレハンドロ・シリロ・ペレス・オクスラ師をおいて他にない。長老の来日は、２００８年に神戸のヒーラー中谷淳子女史等の発起人により計画され、作家の浅川嘉富氏が資金援助をされて来日された経緯がある。これにより神戸、京都、伊勢神宮、富士山麓等日本巡礼と講演の旅をされた。

また２０１０年2月、京都に極秘来日された後、縁あって２０１０年11月7日、京都山科北花山大峰《きたかざん》にある阿含宗星まつり修法地において「第二回オーラの祭典　マヤと阿含の合同法要」が開催された。マヤ族のトップと、仏陀直説の経典を奉持する阿含の管長との、邂逅《かいこう》の瞬間であった。共に火を使ったセレモニーであり、この詳細はYou Tubeで「onepeace《ワンピース》 live《ライブ》」で検索すると、6分割された動画で紹介されている。

長くなったがキリヤマとは、阿含の管長である桐山靖雄師を暗示している。特定の教団を指すのはいささか気が引けなくはないが、それしか該当がなければそれに触れずにはいられない。
ではキリヤマ隊長の「隊長」とは誰か？

独断的に書けば「泰澄《たいちょう》」である。白山を修験の山として開いた僧であるが、その血統は秦氏であるという。そう、聖徳太子の財政的バックボーンであった、渡来系民族の秦氏の血統である。先祖を中国の秦の始皇帝とする説があり、さらにさかのぼると、聖書に出てくるユダヤ十二氏族の末裔であるとも考えられる血統である。泰澄は白山の神を白山妙理大権現《はくさんみょうりだいごんげん》としたり、十一面観音としたりしているが、同時に虚空蔵菩薩も祀っていた。明治の神仏分離政策で、廃棄寸前の虚空蔵菩薩を個人宅で引き取って祀っている例も、岐阜県郡上市石徹白《いとしろ》にある。

このように、宇宙的な神仏と縁があることが垣間見られる。マヤ族が神としてあがめるククルカンとは、羽毛をもつ蛇とされる。これは日本でいう龍神であるが、白山神界に詳しい故・金井南龍師によれば、白山を居とする白山菊理媛という、古事記に隠された神が現在の神の序列とは別に非常に次元の高い神とされているようだ。

白山菊理媛は、シリウス星系の神でありアセンションの象徴のように扱われてきた。日本書紀に一行だけ出てくる神で謎とされてきたが、マヤ族のククルカンも白き神ともいう。また言霊の側面からみれば「ククル」「カン」である。括る龍（カンとはマヤ語で龍の意味）という点からも、白山菊理媛が龍神と共に語られる側面と、今までバラバラだった事象を統合、括るお役目を持たれていることなど共通点を感じる。

この項をまとめよう。キリヤマ隊長は「桐山・泰澄」というのが暗号の解である。このように『ウルトラセブン』の中には、現代のこと、マヤのことすら想起させる内容が含まれている。特に伊勢の神々の裏に白山神界があることといい、マイノリティとして本流から外された役行者の暗示といい、古事記編纂1300年目にして、ようやく『ウルトラセブン』の謎が解けてきた。ウルトラマンの敵としてマヤという名の女性も登場する。『ウルトラセブン』の脚本家でもあった市川森一氏（2012年逝去）と桐山管長は懇意にされており、マヤと阿含の合同法要だけでなく、ガダルカナル島やイスラエルの護摩法要にも同行し、BS―TBSで放映されYou Tubeでも動画が確認できる。

桐山管長と白山の関係についてさらに言及してみよう。東京浅草の金龍山浅草寺の管主と懇意であったことから、浅草寺で夜な夜な金龍が白山に帰りたいと哭くので、白山に戻すために、昭和49年、白山の神が日常的に現れる「白山中居《ちゅうきょ》神社」の磐座の前にて護摩法要を行った経緯がある。昭和51年にも、この石徹白の地において護摩法要をされ、この後、パラオ共和国や沖縄護国神社での護摩法要などを皮切りに、世界各地で護摩法要をするさきがけとなった護摩を焚かれたということを記載しておこう。

後に1982年、ダライラマ法王猊下と共に「第一回オーラの祭典」として、東京武道館での合同法要をされ、そして2010年、前述の通り、マヤ族長老アレハンドロ師との法要を挙行している。マヤとの白山繋がりがより鮮明になっていたとも言えよう。

このように、マヤと阿含、桐山・泰澄、ククルカンと白山菊理媛、白山神界の優位を説いた霊能者・金井南龍等のキーワードが、芋づる式に出てくるのである。ちなみに、故・金井南龍氏が白山神界を託したのが、国家風水師である白峰氏であり、橋本龍太郎内閣の陰の指南役をされていたという系譜もある。桐山師は福田赳夫内閣の際の指南役であり、日本国安泰のために祈ってきた系譜があるのだ。この証左に『念力』（桐山靖雄　角川書店）の裏表紙に福田赳夫氏の書評がある。

また、最後に『ウルトラセブン』の名前から想起できることとして、「超7」という言葉が導き出される。「超7とは8を意味する」。九鬼文献では釈迦転生7代目で役行者という説明であった。8代目は弥勒菩薩となる。すなわち、大本教でいうところの「ウシトラノコンジン」となる。今まで隠されてきた神の復活、復権ということがうかがい知れるのだ。『ウルトラセブン』だけでもこのように非常に深いものがある。

2、仮面ライダーV3の謎（火《ひ》・風《ふ》・水《み》の風の章）

「風の謎」で、仮面ライダー1号、2号という2人で「ふ」と「風車」の風等々の暗示があると説いた。Ｖ３はどうだろうか。変身ベルトのダブルタイフーンとよばれる風車が特徴的である。力と技の２つの風車をもつことが主題歌の歌詞から読み取れる。ここにも謎が隠されている。「仮面ライダー３」ならわかるが、「Ｖ３」とは、と考えてみる。もちろん普通に考えるとＶはビクトリー→勝利となろう。ここでは、裏読みとしての意味を読み解こう。２０００年前に、イスラエルから葦舟の大船団で日本の淡路島の由良あたりに上陸した、古代イスラエル人が「22ヶ所」の遺跡を残したが、「22」番目の遺跡は現在でも残されており、発掘当時「青い石」がＶ字形をしていたという。この遺跡は「さざれ石」を火で焼いて女性の陰部にみたてた構造となっており、ＶとはVaginaを意味しているものと考えられる。産めよ、増やせよという願いをこめて、コミュニティを作って徳島あたりに移住したと言われているが、そのＶはその後のライダーシリーズを暗示する内容となっている（現在までなおライダーシリーズが長く続くことも暗示している）。

さらにＶをローマ数字で5と読み解くと、Ｖ３は5＋3で8となる。その点でもウルトラセブンが実は「8」であったことと合致している。ダブルタイフーンという「2つ」の風車は「力」と「技」の風車であると書いたが、実は「陰・陽」の風車でもあった。これらの数を足し合わせると5＋3＋2＝10、「十」となる。すなわち「神」を示していた。「十」の謎は隠されたものであり、通常は言葉にしてはならないとも聞く。陰陽の風車の上にＶ……Vagina女陰があり、その上に

3と記されている。国生みのカミが陰陽の象徴であること、女性系時代の到来、そして3は、古事記編纂1300年目の今、もともと地球には造化三神《ぞうかさんじん》が降り立っただけであるのに、藤原不比等の策略により八百万の神であるとした説を取ると、3だけでもここまで読み解けるのである。

3、アニメ編（霊的国家　アニマ《霊魂》の巻）（火《ひ》・風《ふ》・水《み》の水《み》の章）

日本ではおびただしい数の戦隊ヒーローが生まれているがその心は？　といえば、諸仏・諸菩薩、あるいは八百万の神の化身であると説いてきた。そして特撮番組のみならず、日本のサブカルチャーの一翼を担ってきたのがアニメである。アニメ界の重鎮といえば、まず思い浮かぶのは宮崎駿《みやざきはやお》氏であろう。宮崎氏は学生時代にみた『白蛇伝』に衝撃を受けてアニメーターを志したという。（ウィキペディアより）

「白蛇」というのが非常に重要なことに気づかれたであろうか。マヤの神ククルカンは白き神とも言われている。龍神の一種ではあるが蛇に近い。まさに白蛇である。ククルカンとククリ姫は人類創世にかかわってきた同一神ではないかという説を先述した。宮崎氏も気づいていないであろうが、彼もまた龍神に守護を受けてきた一人だと考えられる。

宮崎氏は長く売れない時代が続き、映画の監督デビュー作として作られたのが『ルパン三世〜カリオストロの城』であった。この作品の底辺に流れているのは、世界的に贋金《にせがね》を作る国家単位の闇組織であり、戦争によって儲ける軍産複合体の話でもあった。すなわち、呪術的なカモフラージュでいろどられた、フリーメーソンやイルミナティという軍産複合体のことが下敷きとなっているのだ。美しい王女クララとルパンの恋物語は実はカモフラージュでもある。こうした方が闇の勢力からの圧力を避け、大衆にも気づかれず娯楽作品として流布することができる。彼がそう考えたかどうか、ということより「見えざる手」に気づくべきだったのだが、これもまた神の計画。『宇宙戦艦ヤマト』が大流行している最中の古典的な展開に、業界では「宮崎の作品は古い」とまで言われたという。

だが、この作品を皮切りに大ヒット街道をひた走るようになった。その目で見ていくと、大ヒットした『風の谷のナウシカ』は世界的な核戦争で一度滅んだ星の話であり、都市伝説で、実は舞台は火星であったとも噂される。それはさておき、前編でモスラと王蟲《おうむ》が同じ経緯で（見えざる手により）作らされてきたと書いた。さらに今回付け加えるならば、王蟲の骸《むくろ》を苗床として菌糸が延びて腐海《ふかい》と化し、その地下に浄化された水が蓄えられて、地球の自浄作用によってやがて蘇りの日を待っていたというあたり、菌糸やバクテリアなどの微細生物が放射能汚染の浄化を担うであろうことを示唆している。

「奇跡のりんご」で知られる青森の「無農薬りんご栽培」木村秋則氏の畑や田んぼで、放射線測定をしたところ0ベクレルだったという。近隣の畑では反応があったにもかかわらず、だ。木村氏の有機無農薬の土に含まれる微生物が、放射能を「食べて」いたのではないか、そう言われている。アニメの世界は想像で描いた作品が多数あるが、想像こそ創造である。空想こそ「空《くう》を想《おも》う」すなわち「空《くう》の悟《さと》り」——人智を超えたものは空想からもたらされるのである。もとより動かない絵を動かすアニメは、目の残像現象を使ったものであり、フィルムを使った映画と同じ原理ではあるが、動かない絵が動く、すなわち魂が入るという意味で、霊魂を意味するアニマがその語源であった。人類が困難にぶつかったとき、魂の声に耳を傾けなければならないことがあるだろう。現在の福島原発の問題、きたるべき食糧危機問題、金融問題……過去に出されたアニマたる霊魂《アニマ》の中にその答えが隠されている。紙面の都合上すべてを網羅するわけにはいかないが、代表的なものをいくつか紹介しておきたい。

4、マジンガーZ

『マジンガーZ』の世界観を成立させる基礎技術が「光子力エネルギー」だ。今風にいえば「プラズマ」である。この作品ではプラズマのエネルギーをビーム兵器やバリアーに使っている。陰謀系の情報であって筆者が実際に見たわけではないが、高山長房氏や飛鳥昭雄氏の本等によればプラズマ兵器の技術は既に確立しているという。

仮にそうでなくても、テレビはプラズマ化している。プラズマという言葉が普通に語られる時代に、謎が説かれる仕組みであるとみてよい。かつて米国の新聞記者が、米国軍事関係者に対し**「核兵器廃絶はいつになるか」**と聞いたところ、「核兵器を超えたものが開発された時が核兵器廃絶の時だ」と答えたという。オバマ大統領がかつて核兵器廃絶に向けて宣言した背景には、既に核兵器を超えた兵器が配備されたととらえるべきであろう。日本の原発が外部テロに襲われないように、プラズマ防御兵器が配備されてきたとも言われている。この基礎技術は、セルビア出身の天才科学者ニコラ・テスラが１００年も前に完成させていたという。

翻って原発の開発は、基本的にアメリカのＧＥが先導してきた。発明王トーマス・エジソンはＧＥの創設者であり、かつニコラ・テスラを社員として雇った経緯がある。エジソンは電気の送信に直流を使っていた。一方ニコラ・テスラは、交流電力の開発で直流電力の弱点である遠距離電送を可能にした。

同時に彼は「エネルギーは人類に等しく共有すべきもの」と主張し、商業主義のエジソンとはその後、袂《たもと》をわかつことになる。ワイヤレス給電の基礎を固めたが、志半ばで彼は亡くなる。ワイヤレス給電等の技術は、米国ＦＢＩの手により丸ごと回収され、その後、その技術は気象兵器ＨＡＡＲＰやプラズマ兵器に転用されたという。これらの技術を高度化すると、時空の扉を開いて過去・未来を自在に行き来できるとされる。このアニメを深く調べていくと、そんな背景も浮かび上がってくるのだ。それにこのアニメと続編の『グレートマジンガー』の主人公を並べてみると、あることに気づく。

『マジンガーZ』の主人公は「兜甲児《かぶとこうじ》」、『グレートマジンガー』は「剣鉄也《つるぎてつや》」。「兜《かぶと》」と「剣《つるぎ》」は武器の名前からきているが「兜」とは六甲山の「甲山《かぶとやま》」、そして「剣」とは「剣山《つるぎやま》」を意味し、二つは密接に関係している。甲山は兵庫にあるが、ウィキペディアによれば「兵庫」の由来は、天智天皇の治世に兵の武器庫の意味である「武庫《つわものくら》」があったことに由来する。武庫《むこ》から六甲《むこ》となり現在の六甲《ろっこう》となった。甲山は菊理媛命と白山に関係が深い。白山にはかつて、虚空蔵菩薩も祀られており、シリウスのアカシックレコードの謎がかくされている。

空海は虚空蔵菩薩「求聞持法《ぐもんじほう》」を成就し、アカシックレコードとつながる法を携《たずさ》え、密教を短期間にマスターした。空海が帰国後、四国の八十八の霊場を作った背景には、剣山のアークを封印する必要があったためである。アーク《聖櫃》は世界のオカルチストや軍部が探し求めていた究極の兵器であり、人類創世の謎や洗脳された地球人を解放するパンドラの箱ではないか等といわれている。ただし地球人類の波動が一定以上に達しないとその謎は解かれないため、「時期」がくるまで空海が霊場を使って封じてきたのである。

ここでひとつ、脱線ついでにこんな話を紹介しよう。日本列島の雛形といわれるニュージーランド。そのニュージーランドにいる最古級の種族ワイタハの話だ。先史文明でのこと。ムーとアトランティスの戦いでワイタハは戦いを好まなかったため、地の果てまで逃げた末裔とも言われる。

ここニュージーランドにも八十八ヶ所の霊場、すなわち（西洋の言い方でいえば高エネルギーの渦である）「ボルテックス」がある。やはり雛型論を裏付けるような話なのだ。空海がレムリアの末裔であったことを知った唐、青龍寺の恵果阿闍梨は、チベット奥地にいたレムリアの末裔から密教を伝授された。その恩義に報いるために、レムリアの末裔である日本人、空海に密教奥義全てを伝授したのだという。

この関係で読み解けば白山・甲山・剣山、そして剣山を封印した空海までが繋がっていることが読み解ける。さらには、古事記では出雲地方等が舞台とされているが、その実、徳島県が舞台であったのをカモフラージュするために、出雲大社の高層な社や、京都、奈良に巨大な寺院等を作って、眼をそらしてきたという経緯がある。徳島県の徳島とは、一節には謎を「解く島」であるという。謎を解く島と考えると、深い意味が堪能できそうな話だ。徳島の謎が解かれるときは、既にプラズマ兵器が完成しているという図式であろう。さらに細かくみていくとこんなことも分かる。マジンガーZの形態に注目していただきたい。マジンガーZの胸についている熱線板「ブレストファイヤー」だ。You Tube で「ブレストファイヤー」を検索し、その形をよく見ていただきたい。

この形状は一見するとわからないが、意匠はZ字状で左右対称となっている。実はZ字は暗示で「2」を表わしている。マジンガーZの胸に「22」の謎が隠されていた。「22」の謎とは何か。日本のスピリチュアル系志向の方々にはなじみ深い話だ。大本教が所有していた、新聞の挿絵画家岡本天明氏が、千葉県成田の天比津久神社で神懸かって自動書記で書いた、一種の予言書「日月神示」の一節にこうある。

「二二と申すのは天照大神殿の十種《とくさ》の神宝に・《てん》を入れることであるぞ、これが一厘の仕組。二二となるであろう、これが富士の仕組、仕組いよいよぞ、これが判りたならば、どんな人民も腰をぬかすぞ。助かるには助かるだけの用意が必要ぞ。用意はよいか。このこと大切ごと、気つけおくぞ。なりなりなりて十とひらき、二十二となるぞ、富士晴れるぞ、大真理世に出るぞ、新しき太陽が生れるのであるぞ。八方的地上から十方的地上となるのであるから、総ての位置が転ずるのであるから、物質も念も総てが変るのであるぞ。これが元の元の元の大神の御神策ぞ、今迄は時が来なかったから知らすことが出来んことであったなれど、いよいよが来たので皆に知らすのであるぞ。岩戸ひらきの為であるぞ」……とある。

『マジンガーZ』は、兜甲児が操縦するホバーパイルダーが「頭頂部」に載ること（天照大神殿の十種の神宝に・《テン》を入れること）で動くことを示している。また『マジンガーZ』の唄でも、「くろがねの城」がでてくる。城とは「白」の暗喩。すなわち白山の隠語となっている。白山と富士の謎を体現しつつ、六甲の甲山と徳島（謎を解く島）の剣山の謎を織り込んである現代の神

もともと、
地上《ちじょう》は
われわれの
もの。
われわれ
ハチュウ人類《じんるい》
のものだ。

大都社　ゲッターロボ　第１巻

話だったのである。

5、ゲッターロボ

『ゲッターロボ』は『マジンガーZ』の原作者、永井豪氏の3機合体ロボットものとして知られるが、意外に見落とされているのが人類の敵が地底に隠れていた爬虫類人だという設定だ。

先述した通り、デイビッド・アイク氏、高山長房氏の説によれば、世界の富を集めて人類を家畜化しようとしているのが「レプタリアン《爬虫類人》」であるとされている。

ゲッター線という宇宙線をエネルギーに使い、これらに対抗するという筋書きであるが、40年も前でレプタリアンなどという言葉すら知られていないのに、この設定ができるのは人間業とはとても考えられない。

これもまた神々の計画の中に組み込まれていると考えられる。

6、鋼鉄ジーグ

『鋼鉄ジーグ』は、敵の設定が「ヒミカ」である。ハニワ原人と戦う話で、ジーグは磁力を使ったさまざまな兵器が結合できる設定となっている。この話のベースが、封印されてきた縄文の神や信仰などを暗示している上に、ジーグの反対文字はグージであり「宮司」であることも見逃せない点である。古神道の形態では、実は天からの言葉を下すのは巫女《みこ》であり、巫女が上で、その下が宮司（神官）であった。実は鋼鉄ジーグは巫女である「ヒミコ」を敵に当てて、現代神道のゆがみをも示しているのである。

7、宇宙戦艦ヤマト

『宇宙戦艦ヤマト』は日本のアニメブームの草分け的存在である。アニメ映画に徹夜組まで出たという社会現象があった。これは、日本の大和民族の琴線にふれる神話だったからである。放射能汚染された大地から復活する大和民族とも言えよう。謎の星ガミラスの冥王星前線基地から撃ち込まれる遊星爆弾。冥王星とは冥府の王、すなわち地獄の王であるプルートがいる星。プルトニウムの語源となった星である。冥府の王とは占星術的にみれば「霊障《れいしょう》」である。この言葉は前述の桐山管長の造語であるが、いまや多方面で使われている。今現在、福島原発で汚染を免れた土地はないくらい、大なり小なり日本列島の多くが被曝した。このことの暗示でもあるし、なにより霊的不浄、「霊障」が放射能という形で表現されていることに注目していただきたい。三次元世界での放射線汚染という最悪の状況を、三次元的物質でどうこうしようというのはおよそ無理な話なのかもしれない。まず霊的浄化をすることのほうが先決なのかもしれないと感じている。

ヤマトの原作案は西遊記をベースにしたのだという。ヤマトでいう放射能除去装置は、このベースに照らすと経典か聖者の遺物と解釈できる。仏教での最高の宝は仏法であるはずだが、釈迦の遺骨、すなわち仏舎利も同じく聖物とされている。日本の寺院にも多数の仏舎利とされるものがあるが、多くは貴石や米などであり、出処がはっきりしているものは極少数である。

名古屋市千種区にある日泰寺《にったいじ》には、当時シャム国と名乗っていたタイの王子が日本に留学した経緯から仏舎利が贈られている。ここは14の宗旨の管長や座主が輪番でお守りされている特殊な寺院である。また、１９８６年、スリランカ大統領からある寺院に真正仏舎利が送られている。前述の阿含宗である。釈迦直説の阿含経を依経としている教団というのが選定理由だったようである。この仏舎利を前に修法すると、数ある霊障のホトケもたちまちのうちに解脱成仏したとのことである。その意味において、日本に仏舎利が招来されてきたことはこのようにも解釈できる。

広島・長崎の原爆被害や、１９５４年にビキニ諸島での水爆実験の犠牲となった、第五福竜丸の被曝、２０１１年の福島原発爆発事故と、人類史上最多４度にわたる犠牲を出した。このような日本に対する霊的浄化のために、用意されたものなのかもしれない。ちなみに前述のスリランカ大統領は戦後の日本の戦争責任についての会議に際して、スリランカ首相として参加していた。この際に仏陀の根本経典であるサンユッタ・ニカーヤ（アーガマ）の一節、「法句経《ダンマ・パダ》」を引用して「怒りをもって怒りの火を消すことはできない」として日本の戦争責任追及を放棄した経緯がある。この経緯から他のアジアの隣国もそれに追従し、日本分割統治案は破棄された。まさに戦後の日本を救った英雄と称されるべき方だった。

さらにヤマトの謎をつづけよう。ヤマトには必殺の武器として「波動砲」がある。ご存じの方も多いと思うが、１９７０年代に波動という言葉をＳＦアニメで使ったということが、まず画期的ではある。これは、物質の本質を波動性、粒子性として捉えていることの暗示でもある。ヤマトの姿は波動砲の砲口を正面に据え、その１８０度反対に、波動エンジンから噴射される噴射ノズルが設定されている。これは、日本を世界の雛型に見立てた論拠に付随する話であるが、要するに、日本列島を龍体と見立てて、北海道を頭にする龍と九州を頭にした（鹿児島の桜島が龍の口とも解釈できる）龍という一対の龍体を「ヤマト」の形で表わしている。

さらに艦長の名前が沖田十三《おきたじゅうぞう》である。前編で13は神聖数であることを示した。浅川嘉富氏の著作『世界に散った龍蛇族よ』（ヒカルランド）によれば、古代マヤ人が神としてあがめてきた存在の中に**「13なる存在」**というものがあるとされる。これは、人類創世に関わる神である。言霊の力を借りてヤマトの艦長、沖田十三を読むと「起きた（復活した）人類創世の神」とも読み解けよう。古代の神を示すように、古代進《こだいすすむ》というキャラクターが設定されている。操縦するのは島大介だが、これも島を「志摩」と読めば、志摩地方の神がその方向を決めていると読める。志摩地方での神と考えると伊勢神宮からも元伊勢とされる「伊雑宮《いざわのみや》」が想定される。

古事記編纂１３００年目を考えると、古事記からさかのぼること90年前に聖徳太子が編纂させた『先代《せんだい》旧事《くじ》本紀《ほんぎ》』が導き出される。江戸時代にこの「伊雑宮」の女官がこの世に出してきたのが『先代《せんだい》旧事《くじ》本紀《ほんぎ》大成経《たいせいきょう》』という本だが、江戸幕府はこれを発禁本として焚書《ふんしょ》したという。この中には日本の未来についての予言や、歴代天皇の祖が宇宙からきた龍神であり、現在のように人間の天皇になる以前は、その姿は巨大な龍であり、何代にもわたってその痕跡が残っていたというリアルな表現がなされているのだ。

ヤマト民族の復活と先史文明の中で、人類は神々と呼んできた異星人によって創られた存在であることなども想起されることが次々わかってきている。ヤマトもまた神々の計画の中で作られてきた作品なので、他にも多数神々の指紋、爪痕と考えられる証左がある。まだ『銀河鉄道９９９』の謎、『海のトリトン』の謎、『機動戦士ガンダム』の謎、等々についても語りたいが、「下の巻」に譲ることにしたい。

筆者の伝えたいメッセージは、サブカルチャーはアカデミックと比較して地位の低い特撮ヒーロー、アニメ作品などではない。古事記編纂１３００年という、時代の大きな節目において既に日本神界側が世界の雛型日本に残してくれた偉大なるコンテンツ（特撮作品やアニメ作品）

を読み解き、新たなる神話の確認と未来に対しても希望を持てるように、闇の勢力に悟られることのない形で準備されてきたのだという認識をもって、日本や世界の未来に希望を持っていただければと思う。

最後にこの一見妄想話、ファンタジーとして語ってきたことについて、その背景を記しておこう。2011年4月17日愛知県東海市某所にて、ニュージーランド最古級のワイタハ族長老にお会いし、ひとつの質問をなげかけた。ワイタハ長老の伯父がラタナという予言者で、大正天皇に謁見、予言を語られ昭和天皇を摂政におかれることを進言したという。

父も昭和天皇に謁見した経緯がある。それを踏まえて「日本にはおびただしい数の特撮作品、ロボットアニメなどが作られてきたが、これらを裏読みすると日本の神々の計画としか考えられないほど神話性に富んだ話が多い。これはやはり神々の計画の中で作らされてきたものなのだろうか」とワイタハ族のテ・ポロハウ長老に質問した。

長老は、「そうだ、その質問が来ることを待っていた。日本人がそれに目覚めることが世界にとっても大切なことなのだ」と言われた。最後にこのテ・ポロハウ長老は2011年3月11日、皇居内を歩かれていて、クルマに乗られた天皇陛下と出会われている。天皇陛下は窓を開けられ長老に会釈されたというのだが、その僅か15分後にあの巨大震災が東北を襲ったことを付記しておく。

「下の巻」

日本のサブカルチャーの代表格であるアニメについての独自解説が足りないと感じるので、書き足りない部分を追加したい。最初から結論や核心を出すのは、演出上よろしくないと思う。最後に挙げたほうがドラマチックではある。しかしこの話は長いので、筆者がなぜこのようなことを書くのかという背景を知ることでより深く各作品を堪能できると考えて、先に書くこととする。

アニメはその語源である「アニマ」からきている。紙芝居は、画に「語り」と「演出」をつけて主に子供達に伝える手法だ。アニメは、目の残像現象を使ってセル画に変化をもたせ、次々とセル画が微妙に変化していくことで、あたかも絵が動き出すように見える。静止画に命を吹き込むことで「アニマ」、すなわち「霊魂」を宿らせるところからきている。

また言霊で見れば「静止画」は「生死画」でもある。絵に霊魂を吹き込むことを意味している。セル画が生きるも死ぬも、その連続性にかかっている。我々に見えているのは、一瞬一瞬の「今」でしかない。これは神道における **「中今《なかいま》」** の考え方そのものであり、またアニマという言葉はアニミズムに繋がる。

アニミズムとは何か。あらゆるものの中に命や神を認めるということである。古来、神道では山の神、川の神等々、自然崇拝から発祥した。これらの信仰形態が、アニミズムとよばれる元である。日本は神国と呼ばれているが、アニメは日本ではサブカルチャーとして低く見られている。

しかし、海外ではさまざまな役割を果たしている事例が多数報告されている。先日、テレビ番組で、イタリアのバレーボールのオリンピック代表のエースアタッカーが、バレーボールを始めたきっかけを語っていた。なんと昭和40年代のアニメ『アタック№1』を見て、バレーの選手になったというのだ。また、別の番組ではロボットアニメが東南アジアに輸出されて、視聴率が50%を超えた事例や、一部に熱狂的ファンがいることなどが報じられている。これら日本のアニメ作品の中には、神話性や暗号、予言を含む作品が多くあり、神国日本の、本当の意味での底力をこれらの作品にみるのである。

1、銀河鉄道999の謎

『銀河鉄道９９９』は、松本零士氏の代表作である。「中の巻」で書いた『宇宙戦艦ヤマト』の著作権自体は、松本氏自身のものではない。著作権については西崎プロデューサーとの係争事件に発展し、西崎プロデューサー側に軍配が上がった。そういう意味では、本当の出世作は『銀河鉄道９９９』といってよいだろう。

この作品は、謎の美少女メーテルに導かれた星野鉄郎が、アンドロメダ星雲の彼方にある「機械の体をタダでくれる星」に行くものの、最後に「限りある命こそが尊い」という判断をして、機械化母星メーテルを破壊するというストーリーとなっている（テレビ版、劇場版等複数のストーリーがあり、ここでは劇場版を中心に解読する）。

ここ数年来、アセンションという言葉とともに、シリウスというキーワードがスピリチュアル系好きの中では盛んに飛び交っている。そんな中、先史文明研究家である浅川嘉富氏のホームページの記事に、アセンションを代表する菊理媛の姿が、飛行機の窓から撮った写真の一角に写っていたという記事を読んだ。さらにそれが、原田直次郎画伯が東京の護国寺に奉納した絵と酷似していること等を知った。その絵は「騎龍観音《きりゅうかんのん》」という題名で、白衣を纏《まと》い柳の枝と水瓶《すいびょう》をもって龍神の首の上に立つ観音を描いている。一説には「菊理媛」ではないかと考えられているようだ。

この絵と出会ってしばらくしてから、テレビ版『銀河鉄道９９９』を見直していたら、ＣＭの開始と終わり部分に、９９９にまたがったメーテルと鉄郎が描かれている絵があった。その時初めて９９９号自体が「龍」であることに気づいた。

また、30年も昔の『まんがはじめて物語』の、日本に初めて鉄道がもたらされたエピソードの中で、汽車のことを「鉄の龍」と表現していることも同時にわかった。これで「騎龍観音」の観音は、メーテルであると思うにいたった。また、劇場版の本作は、メーテルが鉄郎に与えた無期限の銀河鉄道９９９の無料パスの中に、「地球発プレアデス・オリオン経由アンドロメダ行き」としっかり書かれている。

グアテマラのマヤ族やニュージーランドのワイタハ族は「シリウスから出て、オリオンやプレアデスを経由して〝人類創世の神〟が飛来してきたという伝承」をもっている。この暗喩だったのである。

そして、劇場版『銀河鉄道９９９』で地球から旅立つプラットフォームは、「99」番なのである。九九は九月九日、重陽《ちょうよう》の節句といわれ、「くくり」姫（秘め）の日とも言われている。すでにプラットフォームの段階で「菊理媛」の暗示がされているあたり、まさに「神はからい（神の計画）」ということがわかるのだ。

もとより９９９のネーミングは、ノストラダムスの大予言「１９９９」とまったく無関係ではあるまい。製作者が意図していなくても、視聴者はどこかに１９９９のことを想起したに違いない。６６６といえば30年ほど前のオカルト系の書籍では、ヨハネの黙示録でいわれる獣の数であり忌み嫌われる数である、というだけの単純な印象であった。６６６はたしかにそういうダークな側面があるものの近年、「6が3つでミロク」という側面もあることが取沙汰されるようになって、ようやく999は666の暗喩だけではないことに気づいた。999は実はミロクの世の到来に際しての壮大な予言作だったのだ。

機械伯爵によって殺された母そっくりの姿であるメーテルは、母性の象徴である。また歴史の中に埋没させられた菊理媛も、元を正せば国生みの神のさらに上で、神々や自然、人類を見守る存在である。メーテルをウィキペディアで調べると全身黒衣であり、「機械帝国崩壊のために身を捧げた少年たちの運命を背負う」ための喪服という意味あいであるという。もともとメーテルは全身白衣の設定であった。実際に999の続編では白衣で描かれている。白き清浄の姿である菊理媛に対しメーテルの黒衣。これが白衣であったら999転じて666《ミロク》となる。また、カルマ論という側面からみると、メーテルの黒衣は人類の「業」を背負った姿とも捉えることができる。密教では業の捉え方について解脱、浄化した姿を白身《びゃくしん》と称し、業にまみれた姿を黒業《こくごう》としている。

このカルマを清浄にする法を紹介しよう。かの平清盛も修行したという、准胝観音《じゅんていかんのん》を本尊とした「准胝尊千座行《じゅんていそんせんざぎょう》」は自らのカルマ《因縁》を清らかにする（解脱）方法として、平安期から密かに修法されてきた。この准胝観音の准胝という言葉はサンスクリットで「清浄《しょうじょう》」を示す。色で言えば「白」である。またこの行法を「大白身法《だいびゃくしんほう》」と名付けて、多くの行者を指導したのが「マヤと阿含の合同法要」での日本側の修法者、桐山靖雄管長であった。

准胝観音は七倶胝仏母《しちぐていぶつも》とも呼ばれ、七億、すなわちあらゆる仏の「母」なる存在である。占星術的には水瓶座の時代に入りつつあると言われているが、「みずがめ」を言霊で読み解けば「水」と「亀」である。准胝観音の乗り物は亀と言われている。これは浦島伝説の亀がUFOとされているように、宇宙から飛来していることを示している。「水」は水の浄化の時代の到来、水が持つ智慧を示す。「亀」はその飛来が地球外であることなどの暗示である。

さらに『銀河鉄道999』の謎を解いていこう。この機関車のベースはC62で、この車体は鉄道マニアの中では「シロクニ」と呼ばれている。当時、日本最速の部類の機関車であったという。「シロクニ」を言霊《ことだま》で読み替えると「白国《しろくに》」と読むことができる。「白山神界が治めた龍の国」(龍はその列車全体から相似形であるため)と読める。人類は便利に生きるために機械化を進めてきたが、自然を犠牲にした上に成り立っていた。

この自然破壊のカルマを黒衣で表現したのがメーテルである。このまま機械化して破滅の道を歩むのか、機械と共存して自然とのバランスを取るのか、という二者択一を迫っているのであった。メーテルは、鉄郎以外にも多くの若者、さらには宇宙の全てを機械化しようという女王プロメシュームに反抗し、密かに意志ある若者を999号で惑星メーテルに運んで、機械化母性メーテルの部品に仕立て、破壊の時を待っていた。

メーテルが哲郎の「母」、哲郎を見守る役、に相当するということに注目してみよう。メーテルは次なる社会の象徴でもある。その理由として、アセンション信奉者の間には「男性性原理社会」から「女性性原理社会」へのシフトということが盛んに言われていることが挙げられる。神道でも古来は巫女が神を降ろしていたので、女性の方が上であった。時の為政者らによって、それを無理やり男性優位の世界に作り変えてきたのが今までの世界であった。その流れが今の競争社会や格差社会を生んだ遠因である。勝負に勝ったものが優位に立ち、敗者は日の目をみることがない。かくいう筆者も同様の意見で、競争社会から調和の社会になることが「大和《やまと》なる国」への回帰ではなかろうかと思うところがある。

まとめてみると、メーテル＝菊理媛≒母、銀河鉄道９９９号→龍神、などということがいえるだろう。松本零士氏によれば、宇宙戦艦ヤマトの戦闘班長、古代進の兄がガミラス帝国との戦いで敗れ、宇宙海賊キャプテンハーロックとなったストーリーの構想があったようであるし、宇宙海賊クイーン・エメラルダスと９９９とハーロックはもともと一緒だったとのことである。その集大成のひとつが、国内でも大ヒットとなった劇場版『銀河鉄道９９９』であり、各種あるストーリーのひとつの結晶とみてよいだろう。『銀河鉄道９９９』がフリーメーソン、イルミナティの計画による６６６の暗示であるとしても、劇場版の最後をみるに「機械の体という永遠の命」の６６６か「限りある命を大切に生きる」６６６《ミロク》の世かと問う構図である。おなじ６６６でもまったく違う意味をもち、大本教でいうところの「神一厘」の仕組みがそこに垣間見られるのである。

さらに付け加えるなら、こんなことにも注目していただきたい。鉄郎の母を殺して剥製にした、惑星へビーメルダーの機械伯爵、その愛人の「リューズ」のことである。彼女は機械伯爵の好みに応じて体を改造し、ついには時間を操作できる女へと変身したことが語られる。ここでリューズという言葉であるが、時間を自由に操作できるということから、腕時計のリュウズすなわち竜頭が導き出される。すなわち、腕時計の竜頭の操作で時間を進めたり遅くしたりするという設定が見て取れる。

また、腕時計の竜頭は時計業界では「キク」という。すなわち手で時間調整するためのダイヤルなのだが、「菊」の形をしていたことに由来する。そこでも時間の調整に「菊理媛」が関与している可能性が秘められているのだ。

話はここでとどまらない。2012年で注目されたマヤ暦、このマヤ民族の最高神官であるアレハンドロ師は「我々は時間を早くも遅くもできる唯一の民族」と言っているのだ。もとよりマヤ民族は龍を神としてあがめ「ククルカン」と呼んでいる。菊理媛とククルカンが同義語と考えると龍の頭（菊《キク》）を操作することで、時間を進めたり遅くしたりすることができることと符合しているではないか。

劇場版999では、リューズは人間狩りをしている機械伯爵を支えていることについて良心の呵責に耐えきれず、時間を進めて時間城を滅ぼしてしまう。時間城というのにも注目すると「時間」と「城」そして「白」が導きだされる。前述のククルカンは「白き神」とも言われている。そして、天文観測や時間というものについて計測して「時」の重要性を地球上でもっとも知っていたのが「マヤ族」であった。999からこのようなことも導き出されるのである。

余談として、松本零士氏の美女の描き方の特徴とその予見性について解説したい。まず特徴としては、切れ長で大きな瞳である。これはフリーメーソン、イルミナティが使っている「全てを見通す目」と同根なのである。ただしそれを善意で使うか悪意で使うかによって、結果は異なる。「すべてを見通す目、ピラミッドアイ」は、使う側の意図よって善にも悪にもなる。また、長い睫毛《まつげ》は現代女性がそうであるように、「今」の時代を表している。そして、頭頂部が異様に長い（高い）。これは肉髷《にくげい》といって、仏陀が悟りを開いた時に頭頂部の「菊」の形をしたチャクラ（サハスラーラ・チャクラ、あるいはクラウン・チャクラ）がコブのように盛り上がって覚醒したことを示している。すなわち、次元を超越した能力を「女性」が持つことを示している。また異星人の特徴でもある。エジプトなどの古代遺跡から、こうした特徴を持つ遺物が何体も発掘されているのだ。

この話の設定では人間となっているが、すでに霊格が上昇した「神」的存在であることを示す。これは『宇宙戦艦ヤマト』に出てくるイスカンダル星のスターシャと、その妹で、地球に対し

14万8000光年かなたのイスカンダル星に放射能除去装置を取りに来るようにというメッセージと、そのための波動エンジンの設計図も届けにきたサーシャ（火星に墜落して亡くなった）も同様である。

ヤマトの章では言及しなかったが、これらを神と見立てると双子の神とも解釈できる。「上の巻」で解説したモスラを呼び起こす巫女、小美人が双子であったこととも関係が深いのである。これは、日本神界での菊理媛と瀬織津姫や、豊玉姫と妹の玉依姫の暗示でもある。これから世の中を牽引していく神が、双子ないしは姉妹の姫神である可能性を示唆しているのである。そこに究極を示すZの文字と2というツインを示す暗示があり、ツインとツインの22の文字が浮かび上がるのである。これは、岡本天命が『日月神示』でいう「二二（富士）は晴れたり……」の8種類あるという謎解きのひとつでもある。

2、機動警察パトレイバーの謎

『機動警察パトレイバー』の監督の押井守氏《おしいまもる》は、1990年代に作った『甲殻機動隊 GHOST IN THE SHELL』で全米ビデオチャートで1位をとった。映画『マトリックス』のアンディー&ラリー・ウォーシャウスキー兄弟や映画『アバター』のジェームズ・キャメロン監督らが「神」や「先生」として奉ってきた、日本よりも海外で有名な監督だ。特に劇場版『機動警察パトレイバー』と続編の2は、いろいろな示唆に富む作品である。

警察の特殊任務機関である「特殊車両2課」の活躍を描いた作品だ。一般的にはレイバーとよばれる、一種の作業用ロボットを操縦していく話と理解されていることだろう。製作側のマークをみると「ヘッドギア」という、実際には個人を特定するものではなく、グループの名前である。ゆうきまさみ：原案および漫画、出渕裕：メカニックデザイン、高田明美：キャラクターデザイン、伊藤和典：脚本、押井守：監督という布陣のグループであった。

サリン事件等を引き起こしたオウム真理教は、ヘッドギアという多数の配線をほどこした帽子を使った修行を行っていた。無論今回の作品のヘッドギアとは無関係ではあるが、この名前をオウムが意図的に使った背景には、日本乗っ取り計画と高学歴のアニメオタクが信者にいた背景が考えられる。

いずれにしてもいろいろな意味で印象深い作品である。オウム真理教は、ある組織の差し金で日本乗っ取りを計画していたことが、一部の情報として知られている。劇場版2作目で、無人の飛行船を使って東京都内に毒物を散布しようとするシーンがあり、それを模倣してオウム真理教が、飛行船による毒ガス散布を計画していたという中日新聞報道も出ていた。監督がかかわった3作目も、東京レインボーブリッジにミサイルが撃ち込まれるシーンがあり、現状の閉塞感を打破するため、既得権益に対する反撃ともとれる作品の流れとなっている。

劇場版『機動警察パトレイバー』1作目の話自体は、レイバーの制御をつかさどる新型OS（HOS《ホス》）に、ある種のウイルスを潜伏させ、特殊な音圧、ビル風が吹き抜ける時の超音波等をキーにして暴走するように設定したという伏線がある。それもそのOSを開発した人物が、冒頭からいきなりレイバーの洋上プラットフォーム「方舟」から海に投身自殺してしまう。名前が帆場暎一《ほばえいいち》で、イニシャルがE・HOBAとなっており「エホバ」を表している。それに彼のIDが666というところや、東京湾埋め立てプロジェクトの名前がバビロン捕囚を想起させる「バビロンプロジェクト」といい、さらにOSに埋め込まれたウィルスが発動、レイバーが暴走する過程でPCに表示する名前が「BABEL《バベル》」という凝りようだった。

東京上空に迫る台風により都内のレイバーが一斉に起動、暴走することを「特殊車両2課」が阻止するわけだが、OSそのものがウィルスであるという設定が、今のウィンドウズ等に「あらかじめ仕掛けられた意図的なウィルス」を暗示している。これは現代のネット社会の予言でもある。

1作目が発表されたのは、1989年というバブル崩壊の境界時期である。まだネット社会が始まる前であり、せいぜいパソコン通信程度の時代に、OS自体にウィルスを仕掛けるという発想は一般にはなかった。翻って人類の心のよりどころとしてきた宗教が、コンピューターでいうOSやその深部で動くBIOSと考えると、また、宗教の罠として最初からウィルスに相当する教義が仕込まれていたらと考えると、宗教が人々を導いてきた反面、宗教による戦争が存在し、宗教のもつ時代に対する対応期限やさらには今後、我々は宗教依存から脱却して独自に立つことも必要という暗示として受け取れる。ＯＳに依存すると導いている罠（今回はウィルスと設定）がきっかけで、暴走することがありえるということを示しているのだ。

古いＯＳでは暴走しなかったことから、全レイバーを古いＯＳに書き換えることで決着をはかろうとした警察幹部であったが、この部分は安易な新宗教に走ると暴走する、まるでオウムのように……という暗示であろう。もとよりオウム暴走より5年ほど前の作品なので、予言といってもいいと考えられる。

また、この話の最終部分で「方舟」と呼ばれるレイバーの整備拠点である洋上プラットフォームの最上部には「カラス」の大群とカラスのリーダーが存在する。この足元には帆場暎一のＩＤ「６６６」がついているのだ。これを陰謀とみるか、もしくはカラスは、日本神話の中で神武天皇の東方遠征の際、熊野で神武天皇を導いた「八咫烏《ヤタガラス》」の暗示とも解釈できる。ＯＳの書き換えが無理なため、「特殊車両2課」が「方舟」ごと解体《パージ》を試みるのだが、なんと、解体された「方舟」の大きな柱の土台が「六芒星」をなしているのである。これはユダヤと天皇、元伊勢に共通するサインでもある。

「六芒星」は元伊勢籠神社の神紋であり、元伊勢の伊雑宮付近にもこの「六芒星」を見ることができる。また『日月神示』で知られる岡本天明が神懸かった麻賀多神社の神紋もまた、麻の葉模様「六芒星」という符合となっている。別名ダビデ星とよばれイスラエル国旗に描かれる。また、秦氏の拠点であった京都太秦にも大避《おおさけ》神社があり、中国ではダビデのことを大避と書いている。

このように他国のアニメとはけた違い、次元違いの仕掛けを含むのが日本のアニメの特徴、いやこれこそまさに「神国日本」における「神仕組み」そのものなのである。

3、海のトリトン

このアニメは一世を風靡した『ガンダム』の生みの親、富野由悠季《とみのよしゆき》氏の初監督作品であった。原作は手塚治虫、そしてテレビ放映作品にあたっては手塚治虫のマネージャーであった西崎義展《にしざきよしのぶ》が初プロデュースとして手がけるという、三大巨頭がそろった夢のような作品であった。またテレビアニメとしては初めてファンクラブが結成された、記念碑的作品であったことも申し添えたい。とりわけ女性のファンが多かったといわれるが、ワイタハ族が母なる地球を大切に考えている、母性系社会へのシフトと深く関係しているものと考える。

先史文明で語られるムーやアトランティスの話を下敷きにした独自作品であるが、トリトン族とポセイドン族との戦いを描いている。ウィキペディアでは次のような解説がされている。

「苦難の旅の果て、ポセイドン族の本拠地へのりこんだトリトンは衝撃の真実を知る。ポセイドン族はアトランティス人によってポセイドンの神像の人身御供として捧げられた人々の生き残りであり、トリトン族は彼らに滅ぼされたアトランティス人がポセイドン族に復讐するための武器であるオリハルコンの短剣を託すために生み出した新人種だった。ポセイドン族がトリトン族を殺戮してきたのは、自らの身を護るためである」

つまりは主人公のトリトン族は「意図的に作られた新人種」であり、これは人類創世にも関与する鋭い視点であった。この脚本はオリジナルには存在せず、後にガンダムの生みの親として知られる富野氏の独断で決定されたという。

今回の話はこれだけを展開するものではない。

まず、オープニングの主題歌から解説したい。洋上の火山の噴火から始まりタイトル文字が回転しながら描かれるがここでの謎解きはこうである。ニュージーランドの最古種族ワイタハの伝承によればワイタハには火山の噴火のエネルギーという言葉が残されているという。またワイタハ族長老の家系はルカ・ファミリーとよばれていてこのルカという言葉は「イルカ」から変容した種族というところから得たという。翻ってこの海のトリトンには、言葉を話せるイルカが登場するが、原作では「黄金」のイルカ、アニメでは「白」イルカ「ルカー」がトリトンの乳母役として登場し、さまざまなアドバイスを与えるのだ。またアニメ版では額に「V」の黄色いマークがあるのが特徴である。

前述したが、ワイタハ族の長老の血統は歴代天皇家に助言を与えてきたこと、日本の天皇家、そして日本民族が金龍の末裔であること、そしてワイタハ族は銀龍、「白」龍を守護する民族であることなどからしても、この作品には暗号が多々存在しているのだ。

「白」イルカの「ルカー」はワイタハ族のルカ・ファミリーの暗示で、言葉を話すイルカの登場で、シリウスからきた人類創世の龍がイルカに変容し、やがて人類となったという伝承を暗示している。

さらにはトリトンが持つ「オリハルコン」とは古代の超エネルギー、フリーエネルギーを示しているし、トリトンは膝下に金のウロコを持っている。筆者はこれについてすこしばかり語らねばならない。筆者自身も生まれた時から蛇の鱗のようなアザが両膝下にあった。小学校高学年になるとそれはほぼ消えてしまった。浅川嘉富氏らの説、すなわち人類は猿から進化して人類になったのではなく、龍蛇族という宇宙種族が人類創世に関与したという説をほうふつとさせる痕跡を、自ら体現したものとして理解している。

4、機動戦士ガンダム

1978年に（海のトリトンを初監督した）冨野由悠季氏が作った有名な作品である。ガンダムシリーズは未だに続いており、34年という異例の長さである。派生した作品も多く、それに付随したガンプラと呼ばれるガンダムに登場するモビルスーツのプラモデルも大ヒットした。

単発で消えていく他作品とは別格の扱いをされるべきであろう。日本神界の計画の中では重大な役割を担った作品である。いろいろな論評があろうかと思うが、筆者の視点はかなり違ったものである。

まず重力に支配されている地球人と、生まれた時から「サイド」と呼ばれるスペースコロニーに暮らして、重力からたびたび解放され、超能力を発する「ニュータイプ」という二種類の人類が描かれている。これは「サラス」とよばれる古い地球から「アルス」と呼ばれる新しい地球へのシフトを示す暗示である。御伽話のように聞こえるが、月には時間という概念が存在しない説も存在する。

また、重力が未だに科学でその本質がきちんと観測できないことも、地球以外では存在しないかもしれないと想起させる。重力という形で抑圧された意識を解放させれば本来あるべき能力が発揮される、と仮定すると、来たるべき新人類、アセンションを遂げた人類の姿を描いているとも解釈できる。

初代『ガンダム』のオープニングには宇宙世紀0079年に地球連邦軍からの独立戦争に挑んだジオン公国の話が出てくる。ジオンとはシオン（ユダヤ系）の暗示であり、映画『マトリックス』ではザイオンと呼ばれているが読み方が違うだけである。マトリックスのザイオンはこの、世の現実に覚醒して洗脳しているマトリックス世界と戦う話だ。

『ガンダム』では反逆した側が悪役のように描かれているが、はたして戦争に善悪など存在するのだろうか。ここで注目してほしいのがスペースコロニーである「サイド」が地球に墜落、爆発するシーンである。ネイティブアメリカンで有名な「ホピ族」、彼らの先祖はさまざまな予言をしてきた。鉄の蛇が石の上を這う（鉄道の普及）、馬のいない馬車が走り回る（自動車の普及）、また日本に2つの大きな閃光がきらめくという、原爆を想起させる予言まであるようだ。それらの予言の最後に「白い兄弟が空に作った家が落ちてくるとこの世は終わりを迎える」という予言があるが、まさにスペースコロニーが地球に落ちてくるシーンを彷彿させる。富野氏自身が相当なリサーチをかけているだろうことは想像にかたくないが、オープニングからキーワードを投げかける手法は海のトリトンと同じである。それが意図的であったかどうかは定かでないものの、細かなシーンでその暗示的なカットが挿入されている。

また地球連邦軍の旗艦である「ホワイトベース」、白き基地と訳すべきだが、作中ではその形から「木馬」と呼ばれている。白い馬という言葉が導きだされる。もとより白馬は神々にささげられ、しばしば神馬《しんめ》として奉納されたり神馬の像として白馬の像が奉納されているのだ。また「白」とくれば今まで語ってきたように「白山」の暗喩である。皇室の皇という文字が「白き王」と書くのも興味深い。

故人で高坂和導氏という謎の古文献、竹内文献の研究家がいたが「白」の文字はもともとUFOの象形文字からきたという説が唱えられている。天皇とは、もともとUFOから降り立った異星人から神託を授けられてきたシャーマンだったということだ。このように「白」という文字からも、様々な謎が解き明かされるのである。

ガンダムシリーズに限らず筆者の感性でこれらの大ヒット作品をみると、初期の3作目までがそのエッセンスであり、それ以降は惰性で作られたり亜流となったりアニメに付随する玩具販売促進のために続編が作られたりしている。正直言って多数派生した作品を調べても霊的にあまり得るところがないと感じている。この『ガンダム』で言えば、初代『ガンダム』、『Zガンダム』、『ガンダムZZ』までがそのエッセンスとみてよい。『宇宙戦艦ヤマト』にしても『銀河鉄道999』にしても同様である。

これは御籤《みくじ》や易と同じなのだ。易は1日1回しか同じことを占ってはならないとされる。1回目は天からのメッセージ、2回を超えると「穢れる」と言われている。もとより易という字は諸説あって日と月の合成説、日を頭にした四足動物（トカゲ）――色がいろいろと変わることから――等々あるが、易で用いる64卦を導いた中国の伝説の人物、伏犠（異形の民）、そして女媧・神農という男女一対、下半身が蛇とされる人類創世に関わった異星人が関与していることからも分かるように、これらの大ヒット作品が神々の計画に基づいているならば、その作品の中から何回も御籤を引いたり神託を得るのは正しくないと考えられる。

2作目の『Zガンダム』に至ってはあからさまにある名前をだしてきている。「旗艦アーガマ」である。アーガマと聞いてピンとくる方は原始仏典に少しでも関わった方であろう。日本の仏教のほとんどは釈迦とは縁もゆかりもない中国で作られた経典群を元にしている。そういって驚かれると困るのだが信仰形態は別として、学術的に調べてみると日本の多くの阿弥陀経、法華経等々の経典は少なくとも仏陀釈尊が説いたものではないのだ。インドのパーリ語で言えば「サンユッタ・ニカーヤ」とも呼ぶが「アーガマ」ともいう。アーガマは「伝え来たもの」とか「伝承」というが、要するに釈迦から伝承されたものという意味である。

だから仏教といえばアーガマを元にしなければならないのだが、中国に渡った時、音をとって「阿含」とした。その時点で漢字には何も意味はないと言われている。この阿含の経典群を含めて様々な仏典のランク付けをしたのが天台の智顗という中国の僧である。五時教判というランク付けをされ、法華時が最高の教えで、阿含時は低い教えであり学ぶ価値がない経典という最低の烙印を押されたのである。

よって日本に仏教が伝来する際に、中国のランク付けでレベルが低いとされた阿含経はかえりみられることなどなかった。そしてどの経典にも如是我聞（われかくのごとく聞きぬ）と、全て釈迦の教説であるかのようにして日本に伝来、流布した。古事記編纂にあたって藤原不比等の画策によって真の神々の姿や神代の様子が隠されたのだ。

聖徳太子が編纂させた「先代旧事本紀《せんだいくじほんぎ》」等、歴史の闇に葬られた古文献が多々あったように、我々が仏教として信じてきたものが少なくとも学術的に間違ったまま伝来、流布していることがわかっている。明治時代に日本の学僧が欧州で仏教を研究している学者に出会って、自分たちが日本で学んできた仏教が釈迦の教えとはかけ離れたものであったと知ったというエピソードもあるくらいである。

このあたりは原始仏教の研究で有名な増谷文雄氏や中村元氏の著作をみていただくとはっきりとわかることだ。ちなみにある程度の格式のあるホテルに置いてある聖書とならんで仏典としておいてある法句経《ほっくきょう》（ダンマパダ）も、長大なる阿含経典群の中の一節なのである。

さて『ガンダム』の話から遠くなってしまった。アーガマのところまで戻ろう。２０１２年がマヤ暦の最後の時であるといわれてきたくだりは前述した。グアテマラのマヤ大長老アレハンドロ氏と阿含宗の桐山靖雄師が共に世界平和を祈った「第二回オーラの祭典　マヤと阿含の合同法要」の話も書いてきた。『Zガンダム』が公開されたのは80年代前半で　阿含宗が怒涛の勢いをもっていた時期であった。阿含という言葉と本来のアーガマという言葉を世間一般に公開したのは管長の桐山靖雄師であった。ガンダムの富野氏の目にとまったであろうことは想像に難くない。これらも神々の計画の一つとして考えられる。

加えて3作目の『ガンダムZZ』については紙面の関係上ポイントだけ示したい。『マジンガーZ』の解説の時に、Zの字は2を示すと書いた。『ガンダムZZ』は実は裏読みするとガンダム22なのである。22は前作で解説したように「人類の共通意識」であり、日月神示による「二二は晴れたり日本晴れ……」で富士と22のひっかけがある。さらには22は富士と書いたが富士山をご神体と仰ぐ富士信仰は富士山の爆発を止める木花咲耶姫を暗示している。また、作家、作曲家である山水治夫氏の研究によればこの神様もアセンションをみちびく水の神、龍神であり、神事に用いる大祓祝詞に出てくる祓戸四神の一柱、瀬織津姫であるという。アニメ、アニミズム、神道という暗示の中、大ヒット作品には祓戸の神の暗示がそこかしこに隠されているのである。

アニメの主たる説明は紙面の関係でここまでとしたい。

次に、日本のSF映画でもいくつか予言映画と呼べる作品があるので番外編として紹介する。

5、映画『日本沈没』

これは、1974年に公開された映画『日本沈没』の話である。

2011年3月11日の、東北地方を襲った巨大地震、その津波の凄さをテレビ画面の中でSF映画のように見つめていた方も多いと思う。

日本沈没という映画にはいくつかの暗示がある。まず冒頭に登場する日本海溝を調査する「わだつみ」という深海調査艇である。

「わだつみ」とは「海神」のことである。海神の娘、豊玉姫と山幸彦が一緒になって生まれたのがウガヤフキアエズとよばれる天皇の祖である。豊玉姫が産気づいて出産する際に、夫である山幸彦には出産する姿は決して見てはいけないと注意したにもかかわらずその姿を見てしまう。その際の姿がワニであるとか龍であるとか言われているのだ。これらは異形の世界からきた宇宙人との混血を示していて龍蛇族の末裔が天皇家であり、かつ日本人はその血を引いていることを暗示している。聖徳太子が編纂させた「先代旧事本紀《せんだいくじほんぎ》」および伊勢の元宮である伊雑宮の女官によって江戸時代にあらわされた**「先代旧事本紀大成経《せんだいくじほんぎたいせいきょう》」**には神武天皇以下10数代にわたってその姿が龍や龍の痕跡を示すと記されている。前述したように江戸時代に発禁本となり焚書《ふんしょ》されたが、その写しが国立国会図書館の蔵書として存在している。その出所が徳川家ということも実に興味深い話だ。

さて、話がそれたが本題に戻そう。これが東北沿岸のはるか深海を探査した時に「乱泥流」があり、日本列島を海溝に引きずり込んでいる可能性を示していた。

3・11で甚大な被害をこうむった宮城に話を進めたい。宮城という言葉と今の龍の話を勘案すると、宮城の頭に龍という文字を載せるとどうなるか。「龍宮城」である。もちろん浦島伝説とは土地が違うが、むしろ語られない言葉を想起させるという意味、日本沈没の話の中でプレートテクトニクスをかたる重要なアイテムが「わだつみ」であり、要するに「龍」の話であるということに注目していただきたいのである。

また「わだつみ」の後継艇として登場するのが「ケルマディック号」であるが、「ニュージーランド」の近郊にあるケルマディック諸島から命名されたのは理解できる。しかしどうしてこの名前が付けられたかという点について筆者の論はこうである。世界の雛形日本論で世界の地形の写し絵が日本列島であると語った。ニュージーランドといえば、日本の雛形という説が存在するのだ。また、既出のニュージーランド最古の種族ワイタハ族はニュージーランド北島ケルマディック諸島により近い島に住んでおり、6000年以上の歴史をもつ「龍使い」の種族であるとされている。「わだつみ」も龍であるなら、「ケルマディック」も龍の暗示だったのである。またこの『**日本沈没**』では、沈みゆく日本列島から国民を避難させるD2計画というものが語られ、国民には知らせず各大臣が世界に散って日本人受け入れを要請するシーンがある。

3・11の震災で爆発した福島第一原発の放射線漏れで、東日本は甚大な被曝を体験した。2012年12月現在、東京都内の公園の土はすでにチェルノブイリ事故の強制避難区域の放射能ベクレル値を超えており、政府が関東一円と東北の人々4000万人を中国とロシアに避難移住させる計画があったという話がネット上で流れていた。グーグルアースで中国のある地点を調べると、人が住んでいないマンション、アパートが整然と立ち並んでいるという。真偽のほどは定かではないが、1974年のこの作品ですでにこのことが予言されていた。またNASAの裏情報として、2012年12月～2013年3月にかけて謎の惑星ニビルが地球に最接近し、地軸が傾いてポールシフトが起きるなどとも噂されてきた。一部にはデマであると言われているが、その際に落下してくるニビルによって引き連れられた小惑星が海に落下し400～500m級、場合によってはそれ以上の巨大津波により日本の大半が海に没するなどという物騒な話も流れていたようだ。いずれにしても『日本沈没』が予言映画であり、今まで挙げてきた日本神界の計画の下、作られてきた警告映画として捉えるべきだろう。

6、ジェッターマルスの謎

ジェッターマルスは1977年、鉄腕アトムの続編として企画されたものである。2015年にマルスが誕生する設定だが、これは予言である。

鉄腕アトムは原子力の平和利用という名目でさまざまに利用されてきた。

マルスは「火星」を示し、「軍神」である。ノストラダムスの大予言で有名な1999年の予言部分に「……マルスは平和の名の下に時を統べん」とあるが、平和の名の下にマルス（紛争、戦争）はやまないとする説の他、マルスは「原発」であると説いたのは桐山靖雄氏であった。これは筆者も同意する部分であるが、さらに日月神示を加味すると「マルス」は○に・《チョン》が入り、神を示す○にス（スは神の意）となる。この主題歌でも「時は２０１５年……」とあり年号を示し、さらには「マルス君はどこへ行く」というくだりがある。

「神よ、（大）君はどこへ行く」の暗示である。

http://www.youtube.com/watch?　v=kxZ_q7XQLF0

7、映画ノストラダムスの大予言

この作品は内容の一部に差別的表現があるとされ、人権擁護の立場から封印されてしまった作品である。もともと映画公開当時は文部省の推薦映画であった。環境汚染や戦争が続けば、やがて人類は死滅してしまうだろうという警告をノストラダムスの大予言の話に載せて警告したことにより、学習価値があったと判断されたものと推察している。海外では一部ビデオ化されたが日本では入手できない。筆者は当時父と一緒に映画を見に行った記憶があるが　それが長くトラウマとなってしまい、富田勲氏のこの映画のサウンドトラックを聞くたびに背筋が凍りついてしまった経験がある。この映画の中にはいくつかの暗示があるが、事例を挙げてみよう。

まず原発が爆発するシーンがある。さらに音速の航空機墜落のシーンである。日航機１２３便の墜落についてはさまざまな憶測を呼んでおり、高山長房氏の説には戦慄を覚える。概要は原発に絡んだ陰謀説、ミサイル撃墜説等であるが、その他謎が多く真相は闇の中である。

この映画の中では旅客機の墜落に際して機体側面が膨らんでから墜落炎上しており、圧力隔壁の損傷を彷彿させるシーンが存在する。また巨大ナメクジが東京の夢の島に現れるが、この当時は公害の化学物質で突然変異した設定であった。

しかし福島原発事故のあと、植物や小動物の突然変異がネット上で多数公開されており、それらを暗示してもいる。また巨大地震のシーンにおいては、ある民家の主人が「前の関東大震災では火でやられた。だから火の始末さえしておけば火事は出ない。まずは火の始末をしろ」と言ったシーンの後に大津波にのみこまれるシーンが存在する。水での難を示すものであるが、筆者の中ではどうしても3・11のシーンと被ってしまう。この映画のラストシーンには関東房総半島周辺を俯瞰で見た絵が出てきて、核戦争後、放射能で突然変異したミュータント同士がミミズ一匹を奪いあって喧嘩をするシーンがある。

まるで放射能汚染された関東一円と、今後突然変異や奇形が生まれることを予言しているかのようなシーンが存在するのである。これだけのことが警告されていたものだったのだ。

8、原子力戦争　LOST　LOVE

故、原田芳雄氏がヤクザ役で主演した作品。自分の愛人と原発にかかわった男が手首を繋がれ無理心中したかのように海岸に打ち上げられたシーンから始まっている。

偽装殺人であることが次第に明らかになってくる。原発内部で事故があり、問題になっていることを公表しようとした男が殺害されたというシーンがあり、地元のヤクザと原発マフィアと御用学者の黒いつながりを暴いている。いわゆる原子ムラの存在を世間に知らしめた「はず」の映画だった。

アポなしで突撃撮影した場所が、なんと福島第二原発であったことも神々の計画であったと確信している。ちなみにこの映画の原作は「田原総一郎氏」であった。

おわりに

『ウルトラマン』放映から47年、『仮面ライダー』放映から42年、『宇宙戦艦ヤマト』放映から38年、『銀河鉄道999』放映から34年、『機動戦士ガンダム』放映から33年と、多くの名作が放映されてから30~50年に迫ろうという長きにわたった作品群である。

一部の熱狂的ファンがいたにせよ、これだけ長期間続いた作品は稀である。日本人のように忘れっぽい、忘却の徒と言われる民族でも、こうも長きにわたると否が応でも記憶に残るのであろう。2年経過していない福島原発の事故ですら忘れ去られようとしているにも関わらず、だ。

欧米のコミック作品群でも映画化されて長期にわたるものがいくつかあるが、神話性の欠如、神仕組みや預言性の欠如など、日本の特撮映画やアニメのような内容の濃さが不足しており比較には値しない。世界の雛形日本論に立ち返ると、これらの作品群は日本神界の壮大な計画であり、雛形日本ならではの実験でもあった。日本でヒットしたことは、いずれ世界でヒットする。

それよりもなによりも、これらの放映を介して日本中の電波やメディアに露出すること、それらを視聴してきた世代が今や日本を牽引する世代に成長していることだ。その世代が筆者のような昭和30~40年代生まれを核にした世代である。

原発問題が未解決のまま亡国の手先のような政府と金もうけに奔走する大企業。出口が見えないようにみえるこの日本が復活しなければ、世界の雛形日本論から考えても世界は復活しない。

くり返しになるがウルトラマン世代が子供を持つ時代である。世代が大きくシフトしているのである。

古から温故知新という言葉がある。

「古きを温め、新しきを知る」

すなわち、過去を顕彰し、未来に希望をもって生きるメッセージを掲げたい。未来を見据えるためには過去先人たちが苦労して作り上げてきた神々の計画にもとづく名作をもう一度見直し、次世代の子供達に神話として語り継ぐ必要があろう。

ミロクの世の到来に備えて、お互い感性を研ぎ澄まして、心清らかにその変容の時を迎えたいものである。

この本の出版にあたり、陰ながら御尽力を頂きました神楽坂のおとみ様に感謝申し上げます。

（了）

白山麓こと（白山南竜）

【宇宙意識との会話】　中今悠天

Aアブストラクト

本日は、まとめとしてヒトとして生きる事を書こうと思う。

これまでに数年間に渡り、全ての魂が幸せでありますように唱え、祈り、瞑想してきた。そして、結論とまで呼べるか否かは分からないが、如来というエネルギーに達した感がある。その如来と呼べるエネルギーとは共鳴する事による共磁性であるのではないかと考えられ、この力とは本来の宇宙の根源ではないのかと考えられる。

この宇宙における根本的エネルギーは電磁熱ではないのかと思われ、その電磁熱とは共鳴、共振する事により得られる力ではないのかと考えられる。その根本が心と呼ばれる力であり、念と呼ばれる力の作用が根本的、電磁熱を生む作用であり。その作用がエネルギーを動かす力となり、空が風となり、物質化した光が物質ではないのかと考えられる。

この宇宙は全てが電磁熱の海の中に浮かぶ舟の様なもので、その素は愛と呼ばれる力であり、それは、与える事で与えられる川の流れであると感じられ、その力は共鳴による摩擦、帯電、蓄積の流れで得られ、徳と呼ばれる力となり、その徳を得る事が人生の目的、目標であり、その目的は自己向上、自主自立であり、その目標は愛の素へ辿る道ではないのかと考えられ人生は苦であり、その苦とは自己を磨き、自己を育てる。そして自己と一体となる道であると思われる。

この宇宙は、拡がる力、縮まる力、回転する力がバランスとして成り立ちその成り立つ物質全てが泡の様な丸い形をしており、回転拡大、縮小している。常に結び合う力と離れる力がバランスをとりながら波打つ光となり現れ、物質全てが光の粒子であり、粒子という性質と波という性質がありその粒子が波を流れる中で、高低の差が生じ、それこそが物質を成り立たせる原因であると考えられる。

全ての物質は作用と反作用（遠心力と動）出す力、引く力で成り立ち、全ては自己より高い位置へ上がる為。より高い目的・目標に基づき光の進化をしている。で、あるため、より高い心と共鳴する事がより大きな力を呼ぶ事となり少なくとも銀河の素の力とは愛であると考えられる。

E＝mc2→E＝m凸m凹／2×C2であると考えられm凸m凹／2が、核融合と呼ばれる力であり核融合の力とは、より高い力との共鳴共振による摩擦、帯電、蓄積の流れであり、その力は核分裂より高い力を生み太陽もその力で成り立ち、その力を得る事により、よりフリーな大きなエネルギーを得る事が可能であると考えられる。

その力は、より放射する力を大きくする事で流れが起こり、それは愛を与える事で、より愛される事と同じとなる。


物質は全てエネルギー０へ向かい動いており力を入れなければ成り立たなくなる。その力とは自己が使用する力より勝る力であり、それを徳と呼ぶ。その徳は自己維持より、上回る与える力を、その様に呼び、その徳を積む事が、より自己向上、自主自立の力となり使用する素となる。

その力は与える事が与えられる事より増す時に起こり、与えられる事は、得する者は損をし、損する者は徳をする事となる。

その徳とは愛であり。与える事であり、常に生きている以上は与えられており、それ以上の愛を他者に与えなければ自己を向上する事は出来ない。その力は陰道であればある程、力は強くなり愛という根本の力と共鳴する事はバタフライ現象を生み、その積み重ねが大きな力を生み、この地への利をもたらす事となる。その愛と共鳴する事が天と地の結びであるのなら天の時であり地の利を与えられるのであれば、その光の粒子は力を持ち、光り輝き人を引く力となり、和が成り立つ。

人生とは、この宇宙の根源の力（愛）と一体となる為の道であり、その目的・目標は自己向上、自主自立であり苦であり、磨きとなる。

その磨く力とは愛を与える事で起こり、愛をいただく以上に与える事で力となる。力愛不二が根本の人生と呼べる。

プロフィール

中今悠天《なかいまゆうてん》

2012年10月10日現在、ウィングメーカー太陽系総監、明治維新100年祭（天赦日）にて白峰引退後、正式に銀河連盟に復帰。中今悠天として現在は太陽系の座標軸をアセンションに向けて調整中。コンテン堂電子ブック (http://contendo.jp/)「大魔王復活」シリーズは、一日で16万件のアクセスで話題を呼んだ。銀河連盟マスターメタックス。明治維新百年祭を以て白峰引退、地球維新天声会議議長として現在活躍。皆神塾長その他、24肩書き省略。

地球維新　黄金神起

～黄金伝説　封印解除

制作監修　白峰
脚本演出　中今
総筆推理　慈恩

とても奥が深～い探偵小説。小説仕立ての、実はドキュメンタリー……？

「地球一切のエネルギー法則の中に普遍の定義あり。一つは人間の生命、則ち寿命。一つは『貨幣金融システム』の保証としての金塊（ゴールド）。最後に、錬金術の奥義にて、人間を神に至らせるシステム。
これらは弘観道の風水術では、古代より、黄金神起と呼ばれていた」

（重要キーワード）
オリオンの神笛／ペテルギウス大爆発／135°ガイヤ法則／ピラミッド５０００年の嘘／晞宝館大学院／日本再生口座スメラギ／世界皇帝／電マ大戦地球霊王/大魔神復活/日本龍体／黄金人類／神聖遺伝子／ヤタガラス／忍法秘伝／KINGソロモン／ミロクの世／アセンション2012／世界政府／弘観道（他）

定価2000円

地球維新《ちきゅういしん》　黄金神起《おうごんしんき》
封印解説《ふういんかいせつ》

監修《かんしゅう》 脚本《きゃくほん》　中今悠天《なかいまゆうてん》
作者《さくしゃ》 天声会議《てんせいかいぎ》

明窓出版

平成二五年三月十一日初刷発行
発行者――増本 利博
発行所――明窓出版株式会社
〒一六四―〇〇一二
東京都中野区本町六―二七―一三
電話 （〇三） 三三八〇―八三〇三
FAX （〇三） 三三八〇―六四二四
振替 〇〇一六〇―一―一九二七六六
印刷所――シナノ印刷株式会社
落丁・乱丁はお取り替えいたします。
定価はカバーに表示してあります。

ISBN978-4-89634-323-6
ホームページ http://meisou.com

続　2012年　地球人類進化論

白　峰

新作「アインソフ」「2008年番外編」「福禄寿・金運と健康運」および既刊「地球大改革と世界の盟主」「風水国家百年の計」「日月地神示　「宇宙戦争」「地球維新・ガイアの夜明け前」「新説2012年地球人類進化論」ダイジェスト版。地球環境や、社会現象の変化の速度が速い今だからこそ、情報ではなく智慧として魂の中に残る内容です。

地球シミュレーターが未来を予測する／ハリウッド映画の今後／忍者ローンことサブプライム／期待されるNESARA法の施行／アセンション最新情報／意識を高めさせる食とは／太陽・月の今／聖徳太子、大本教、日蓮上人が語ること／ロックフェラーからのメッセージ／呉子の伝承／金運と健康運、そして美容の秘伝／将来のために大切なこと／福禄寿の優先順位とは／日本の経済、アメリカの経済／金運をアップする　／健康になる秘術／これからの地球の変化／アインソフとは／宇宙の成り立ちとは／マルチョンマークの違いについて／不都合な真実は未だある／イベントは本当に起こるのか／NESARAと地球維新／ソクラテスからのメッセージ／多次元社会と2012年以降の世界／アインソフ・永遠の中今に生きてこそ／LOHASの神髄とは（他重要情報多数）

定価2000円

風水国家百年の計　白峰

風水学の原点とは、観光なり。

観光は、その土地に住んでいる人々が自分の地域を誇り、その姿に、外から 来た人々が憧れる、つまり、「誇り」と「あこがれ」が環流するエネルギーが、地域を活性化するところに原点があります。風水学とは、地域活性化の要の役割があります。そして地球環境を変える働きもあります。（観光とは、光を観ること）

2012年以降、地球人類すべてが光を観る時代が訪れます。

◎ 風水国家百年の計

国家鎮護、風水国防論／万世一系ＸＹ理論／徳川四百年、江戸の限界と臨界。皇室は京都に遷都された／大地震とは宏観現象、太陽フレアと月の磁力／人口現象とマッカーサー支配、五千万人と１５パーセント／青少年犯罪と自殺者、共時性の変成磁場か？／気脈で起きる人工地震、大型台風とハリケーン／６６６の波動と、色彩填補意思時録、ハーブ現象とコンピューター／風水学からみた日本崩壊？

◎ 宇宙創造主 VS 地球霊王の密約（ＯＫ牧場）

地球人を管理する「宇宙存在」／「クオンタム・ワン」システムと繋がる６６６／変容をうながす、電脳社会／近未来のアセンションに向けて作られたエネルギーシステム／炭素系から珪素系へ――光り輝く存在とは（他重要情報多数）

定価1000円

キリストとテンプル騎士団

スコットランドから見たダ・ヴィンチ・コードの世界

エハン・デラヴィ

今、「マトリックス」の世界から、「グノーシス」の世界へ
ダ・ヴィンチがいた秘伝研究グループ「グノーシス」とはなにか？
自分を知り、神を知り、高次元を体感して、キリストの宇宙意識を合理的に知るその方法とは？
これからの進化のストーリーを探る！！

キリストの知性を精神分析する／キリスト教の密教、グノーシス／仮想次元から脱出するために修行したエッセネ派／秘伝研究グループにいたダ・ヴィンチ／封印されたマグダラの教え／カール・ユング博士とグノーシス／これからの進化のストーリー／インターネットによるパラダイムシフト／内なる天国にフォーカスする／アヌンナキー一宇宙船で降り立った偉大なる生命体／全てのイベントが予言されている「バイブルコード」／「グレートホワイト・ブラザーフット」（白色同胞団）／キリストの究極のシークレット／テンプル騎士団が守る「ロズリン聖堂」／アメリカの建国とフリーメーソンの関わり／「ライトボディ（光体）」を養成する／永遠に自分が存在する可能性／他

定価1300円

ことだまの科学

人生に役立つ言霊現象論　鈴木俊輔

帯津良一氏推薦の言葉「言霊とは霊性の発露。沈下著しい地球の場を救うのは、あなたとわたしの言霊ですよ！まず日本からきれいな言霊を放ちましょう！」

本書は、望むとおりの人生にするための実践書であり、言霊に隠された秘密を解き明かす解説書です。言霊五十音は神名であり、美しい言霊をつかうと神様が応援してくれます。

第一章　言霊が現象をつくる／言霊から量子が飛び出す／宇宙から誕生した言霊／言霊がつくる幸せの原理／日本人の自律へ／言霊が神聖ＤＮＡをスイッチオンさせる

第二章　子供たちに／プラス思考の言霊

第三章　もてる生き方の言霊／笑顔が一番／話上手は聴き上手／ほめる、ほめられる、そしていのちの輪／もてる男と、もてる女

第四章　心がリフレッシュする言霊／気分転換のうまい人／ゆっくり、ゆらゆら、ゆるんで、ゆるす／切り札をもとう

第五章　生きがいの見つけ方と言霊／神性自己の発見／　神唯《かんながら》で暮らそう／生きがいの素材はごろごろ／誰でもが選ばれた宇宙御子

第六章　病とおさらばの言霊／細胞さん　ありがとう／「あのよお！」はこっそりと

第七章　言霊がはこぶもっと素晴しい人生／ＩＱからＥＱ、そしてＳＱへ／大宇宙から自己細胞、原子まで一本串の真理／夫婦円満の秘訣第八章　言霊五十音は神名ですかんながらあわの成立／子音三十二神の成立／主基田と悠基田の神々

定価1500円

夢研究者と神

ベリー西村

世界初　夢世界を完全解明。最新科学、宇宙学、量子力学、神学、精神世界を網羅し初めての切口で宇宙創生、時空の秘密をも明かす。

夢に興味のある方必読の書です。後半の「神との対話」では睡眠、宇宙、時間の秘密を神が語っているのですが、その内容は正に驚愕。
夢のみならず科学、神学、精神世界に興味のあるすべての方に読んで頂きたい本といえます。

一．夢の本はつまらない／二．夢は三世界あった／三．夢は白黒？／四．夢判断、夢分析は危険／五．脳が作り出す夢の特徴／六．脳夢を楽しもう！／七．脳のリセット方法／八．繰り返し見る夢／九．入学資格テストの夢／十．境界意識夢／十一．驚異の催眠術／十二．自覚夢（明晰夢）の体験方法／十三．自覚夢の特徴／十四．魂の夢／十五．睡眠で得る健康・若さ維持／十六．アルファ波の確認方法／十七．時空を超える夢／十八．予知夢／十九．覚醒未来視／二十．夢での講義／二十一．神との対話

定価1500円

神の戸開き 第二集

佐藤洋行

今、神ノ戸がまさに開かれようとしています。神界・霊界・人間界の３つの千の（多くの）世界である三千世界の立て代え・立て直しが急ピッチで進行中です。神界における立て替えは2011年に完了し、現在立て直しの最終盤に差し掛かっています。そして、霊界の再編成もほぼ完了し、人間界が大きく変化を始めました。現象は私達の魂が創り出しているのですが、それに気づき自らが変化をすることを決めた魂と、これから先の地球に適合しない魂との二極化も進んでいます。「大立て分け」と日月神事に記されていることです。
この本では、前作「神ノ戸開き」から続く神界の立て代えが終了し、それと並行して進んできている立て直しを、命持（みこともち）として行ってきた著者がありのままに記したドキュメンタリーです。地球では全ての人間が必要な過程を行っていますが、この本によって目覚め、次世代の地球を担うように行動する魂が多く出る事を願います。

再び、剣山へ／唐人駄馬遺跡／久万高原町／清瀧権現堂／羊蹄山／宮　島／東京十社巡りと日比谷神社／高千穂／竈門神社から宇佐神宮／戸隠神社、御嶽山、位山／九頭龍神社と神戸岩／鳥取から出雲／隠ヶ丘から八雲山／黄泉津比良坂とイザナミ／大国主神立て／船通山／鞍馬から大和三山／峰山高原での出来事／山住神社、秋葉神社／東国三社――鹿島神宮・息栖神社・香取神宮／榛名神社／岩戸寺・猪群山／宗像大社

定価1575円

オスカー・マゴッチの

宇宙船操縦記 Part2

オスカー・マゴッチ著　石井弘幸訳　関英男監修

深宇宙の謎を冒険旅行で解き明かす——

本書に記録した冒険の主人公である『バズ』・アンドリュース（武術に秀でた、歴史に残る重要なことをするタイプのヒーロー）が選ばれたのは、彼が非 常に強力な超能力を持っていたからだ。だが、本書を出版するのは、何よりも、宇宙の謎を自分で解き明かしたいと思っている熱心な人々に読んで頂きたいからである。それでは、この信じ難い深宇宙冒険旅行の秒読みを開始することにしよう…（オスカー・マゴッチ）

頭の中で、遠くからある声が響いてきて、非物質領域に到着したことを教えてくれる。ここでは、目に映るものはすべて、固体化した想念形態に過ぎず、それが現実世界で見覚えのあるイメージとして知覚されているのだという。保護膜の役目をしている『幽霊皮膚』に包まれた私の肉体は、宙ぶらりんの状態だ。いつもと変わりなく機能しているようだが、心理的な習慣からそうしているだけであって、実際に必要性があって動いているのではない。

例の声がこう言う。『秘密の七つの海』に入りつつあるが、それを横切り、それから更に、山脈のずっと高い所へ登って行かなければ、ガーディアン達に会うことは出来ないのだ、と。全く、楽しいことのように聞こえる……。(本文より抜粋)

定価1995円